BRAVE *NEW* SPORT

Raphael von Thiessen   Simone Achermann   Peter Firth   Stephan Sigrist

Mit Illustrationen von **Andrew Archer**

Kontributoren   Philippe Blatter   Christian Müller   Jörg Polzer

BRAVE *NEW* SPORT

Wie Sport die Gesellschaft im 21. Jahrhundert voranbringt

W.I.R.E. Think Tank for Business, Science and Society
In Zusammenarbeit mit **Infront**

NZZ LIBRO

VORWORT

SPORT spielt auf der ganzen Welt im Leben von Hunderten Millionen Menschen eine wichtige Rolle. Der spielerische Wettbewerb ist seit Langem ein fester Bestandteil unserer Kultur und hat seine Wurzeln in antiken Zivilisationen. Doch erst im 21. Jahrhundert hat sich der Sport in eine vielschichtige gesellschaftliche Funktion verwandelt und wurde zu einem Katalysator für technologischen Fortschritt, wirtschaftliches Wachstum, einen gesunden Lebensstil und geopolitisches Machtstreben. Seine Relevanz als weitreichendes gesellschaftliches Phänomen mit Auswirkungen auf vielfältige Aspekte unseres täglichen Lebens ist seit mehreren Jahrzehnten gestiegen. Zudem beschleunigte die COVID-19-Pandemie die technologischen Entwicklungen im Sport.

Starke Veränderungen führen zu neuen Herausforderungen, aber auch grossen Chancen für sämtliche Akteure. Dies zeigt sich nicht nur in steigendem Medienkonsum und dem Fanverhalten in den sozialen Netzwerken, sondern auch in Form von Technologien, die es Sportlern und Teams erlauben, sich auf einem noch nie dagewesenen Leistungsniveau zu messen. Hinzu kommen der Aufstieg neuer Sportarten bei gleichzeitiger Abnahme von traditionellen Formaten sowie die Zunahme von Grossevents im Breitensport. Quantitative Datenanalysen, wissenschaftlicher Fortschritt und Innovation verschieben die Grenzen kontinuierlich weiter. Die hohe Dynamik und der Wettbewerbscharakter des Sports, finanzielle Interessen und Reputationsfragen sowie die veränderten Bedürfnisse und Konsumgewohnheiten erfordern die Analyse von langfristigen Entwicklungen.

Wir bei Infront haben das Privileg, diese Entwicklungen täglich mitzuerleben. Dank jahrzehntelanger Erfahrung und eines umfassenden Verständnisses für eine sich schnell verändernde Branche können wir erahnen, was als Nächstes kommen wird. Für Infront ist Sport viel mehr als nur ein Geschäft. Sport ist unser Purpose, unsere Leidenschaft und unser Antrieb. Unser Ziel war schon immer – und wird es immer sein –, Menschen im Sport zusammenzubringen und ihnen zu ermöglichen, ihre Leidenschaften und Träume auszuleben.

Die Pandemie hat unseren Anspruch weiter verstärkt, die Zukunft des Sports als führender Akteur auf diesem Gebiet aktiv zu gestalten. In diesem Sinn haben wir eine intensive Zusammenarbeit mit W.I.R.E., einem renommierten Think Tank, initiiert, um das Thema im Rahmen der Publikation «Brave New Sport» zu vertiefen und mitzugestalten.

Das vorliegende Buch enthält die Erkenntnisse aus verschiedenen Experteninterviews und Forschungsergebnissen. Es soll einen Dialog darüber anregen, wohin sich die Sportwelt entwickelt, wenn sich die Gesellschaft weiterhin stark verändert. Die Inhalte gehen über Daten und Zahlen hinaus und folgen einem eher qualitativen Ansatz, der für relevante Akteure die potenziellen Auswirkungen auf allen Gesellschaftsebenen – sowohl auf Mikro- als auch Makroebenen – hervorhebt. Die Publikation beinhaltet auch einen Ausblick auf radikale Szenarien, die eintreten könnten, wenn die Vorhersagen für das globale Sport-Ökosystem Realität werden.

Diese Szenarien sind die Spielwiese, auf der wir experimentieren und eine bereichernde Diskussion darüber anstossen können, wie mutig oder eben «brave» wir als Branche, aber auch als gesellschaftliche Funktion sein wollen – und ob wir diesen Weg für den Sport einschlagen möchten. Die langfristige Zukunft ist von vielen Spekulationen geprägt. Deshalb wollen wir visionäre Vordenker zu einer anregenden Diskussion einladen, wobei es keine richtigen oder falschen Antworten gibt. In diesem Sinn freuen wir uns darauf zu erfahren, wie sich unsere Branche die nächsten Jahrzehnte im Sport vorstellt.

Als Aldous Huxley 1932 sein bahnbrechendes Buch «Schöne neue Welt» veröffentlichte, beschrieb er eine dystopische Zukunft, in der Emotionen und Individualität schon in jungen Jahren aus den Menschen herauskonditioniert werden. Während der Titel des vorliegenden Buchs eine Anspielung auf jenes berühmte Werk der Weltliteratur ist, ist der entscheidende Unterschied, dass wir auf das positive und transformative Potenzial der schönen neuen Sportwelt fokussieren. Wie Huxley selbst in seinem Buch schreibt: «Man glaubt Dinge, weil man konditioniert wurde, sie zu glauben.» Ist der Sport konditioniert und darauf eingestellt, ein Leader oder ein Follower zu sein?

Augen auf, eine spannende Reise steht bevor.
Wir freuen uns darauf.

Philippe Blatter
President & CEO
Infront Group

Christian Müller
CEO
Infront X

Jörg Polzer
VP Strategic Communications
Infront Group

INHALT

1 — Aufbruch in eine neue Sportwelt 8

2 — Warum wir Sport brauchen 16

3 — Ausblick auf morgen 44

4 — Wie es weitergeht 70

5 — Den Wandel gestalten 128

A — Anhang 134

EINLEITUNG

Aufbruch in eine neue Sportwelt

Sportarten werden nicht von heute auf morgen erfunden. Die grosse Vielfalt der sportlichen Wettkämpfe, die heute durchgeführt werden – von Fussball und Baseball bis hin zu Boxen und Polo –, ist das Ergebnis von generationenübergreifenden Entwicklungen, Experimenten und Debatten über Regeln. Was aber, wenn der Mensch bei der Gestaltung von neuen Sportarten nicht mehr weiterkommt? Möglich wäre es. So verwenden Technologie-Enthusiasten Künstliche Intelligenz (KI), um Jahrzehnte des Spieldesigns zu beschleunigen und zu einer neuen, vollwertigen Sportart zu gelangen. Das KI-System analysiert die Regeln von etwa 400 verschiedenen Sportdisziplinen und generiert eine neue Teamsportart, die die überzeugendsten Elemente vereint.

Was sich wie Science-Fiction anhört, wurde 2019 bereits Realität. Während einige der Vorschläge des Algorithmus kurios waren – in einem Fall schlug das System ein Volleyballspiel in einem winzigen Raum mit am Boden befestigten Teilnehmern vor –, landete es schliesslich bei einer dynamischen und komplett computerkonfigurierten Sportart: Speedgate.[1] Eine Mischung aus Fussball und Rugby, bei der ein Ball durch drei Tore geschossen wird. Der Sport wird in Teams gespielt und legt grossen Wert auf Sportlichkeit und Fairness. Die KI hat zum Beispiel festgelegt, dass der Gegenseite ein Punkt zugesprochen wird, wenn ein Team fälschlicherweise behauptet, ein Tor erzielt zu haben. Experimente wie Speedgate zeigen, dass sich die Sportwelt in einer Transformationsphase befindet. Neue Technologien und Ansätze stellen die akzeptierten Vorstellungen davon, wie Sport ausgeübt, gespielt, angesehen und monetarisiert wird, zunehmend infrage.

Auf dem Weg in ein neues Sportzeitalter

Ein wichtiger Transformationsfaktor, der in den letzten Jahren an Relevanz gewonnen hat, ist die zunehmende Virtualisierung des Sports, konkret in der Form von E-Sport. Dieses Massenphänomen verändert unser Verständnis von Sport. Im Jahr 2021 sind Computerspiele publikumswirksame Spektakel und eine Wachstumsbranche für das restliche Jahrzehnt – und wohl lange darüber hinaus: E-Sport hatte im Jahr 2020 435 Millionen Zuschauer. Bis 2024 wird erwartet, dass die Zuschauerzahl auf 577 Millionen wachsen wird.[2] Dieser Sprung wurde durch COVID-19-Massnahmen wie Ausgangssperren beschleunigt.

Verbunden mit der Virtualisierung ist der Aufstieg der Datenanalyse im Sport. Die Geschichte des Baseballteams Oakland Athletics, das mithilfe von «Sabermetric» aus einem schlecht finanzierten Durchschnittsteam eine Top-Mannschaft formte, erlangte durch das Buch und den Film «Moneyball» Bekanntheit. Doch erst langsam beginnt man das Potenzial solcher quantitativen Strategien richtig zu verstehen. Im Basketball hilft das israelische Start-up RSPCT den Teams der National Basketball Association (NBA), vertiefte Einblicke in die Leistungen der Sportler zu erhalten, indem eine Intel-RealSense-3-D-Tiefenkamera die Flugbahn jedes Schusses aufnimmt.[3] Das System wird mit einem Armband kombiniert, das die Bewegungen der Spieler verfolgt.

Es wird nicht nur mehr Technologie im Sport eingesetzt. Auch die Auswirkungen der Globalisierung sind drastisch. Insbesondere im Hinblick auf das bevorstehende «Asiatische Jahrhundert», das vom wirtschaftlichen und kulturellen Aufstieg der APAC-Länder – mit besonderem Augenmerk auf China – geprägt sein wird. Diese Märkte werden zu den entscheidenden Treibern des Sportbusiness und zu Impulsgebern für die künftige Austragung von Wettbewerben. Gemäss Zahlen des chinesischen Statistikamts ist der Sportsektor des Landes in den letzten Jahren schneller gewachsen als die Gesamtwirtschaft.[4] Solche Berichte verdeutlichen den Investitionsboom und das politische Interesse Pekings.

Die soziale, kulturelle und moralische Bedeutung des Sports verändert sich ebenfalls. Sportler sind heute politisierter als früher und werden von Vereinen, Marken und Managern – aber vor allem auch durch sich selbst – zunehmend als gesellschaftliche Vorbilder positioniert. Im Zeitalter der sozialen Medien können Athleten über digitale Kommunikationsplattformen für sich werben und ein grosses Publikum direkt erreichen, um damit unter anderem das Bewusstsein für soziale Fragen zu schärfen. Sportpersönlichkeiten verlassen damit die passive Haltung, die von Verbänden bzw. ihren Arbeitgebern lange Zeit propagiert wurde, und schliessen sich für bestimmte soziale Zwecke vermehrt zusammen. Im Jahr 2020 weigerten sich Basketball-, Fussball- und Tennisspieler in den USA, ihre Spiele auszutragen, nachdem Jacob Blake durch die Polizei in Kenosha, Wisconsin, ermordet worden war. Währenddessen hat die Pandemie COVID-19 der globalen Gesellschaft einen Vorgeschmack darauf gegeben, wie es ist, eine singuläre, existenzielle Bedrohung zu erleben. Auf dieser Basis entstanden Diskussionen über die Rolle des Sports im Kampf gegen den Klimawandel oder künftige Pandemien. Als Konsequenz kam es vermehrt zu Forderungen, Sportgrossereignisse wie die Olympischen Spiele in ihrem Umfang zu beschränken.

Jenseits von Wettkampf und Spieltrieb

Die Betrachtung der langen und vielfältigen Geschichte des Sports verdeutlicht, dass er eine Reihe von Funktionen erfüllt und eine Vielfalt menschlicher Bedürfnisse adressiert. Das Ausüben und Konsumieren von Sport sind tief mit dem alltäglichen Leben, der Gesellschaft und Kultur verwoben. Anthropologen haben lange behauptet, dass Sport einem ausgeprägten Wettkampf- und Spieltrieb des Menschen diene. Wandmalereien, die vor etwa 15 300 Jahren in den französischen Lascaux-Höhlen entstanden, bestätigen diese Hypothese.[5] Sport ist die Bühne, auf der die Menschheit die Grenzen ihrer Schnelligkeit, Kraft, Ausdauer und ihres technischen und strategischen Potenzials auslotet.

Im Lauf der Geschichte ermöglichte Sport denjenigen, die zielstrebig und engagiert waren, neue Rekorde aufzustellen. Die exorbitante Leistungssteigerung in Gebieten wie der Leichtathletik oder Teamsportarten ist auf Verbesserungen von Technik, Ausrüstung, Training, Ernährung und Selektion zurückzuführen. Das Ziel, eine Meile unter der Vier-Minuten-Marke zu laufen, ist ein beispielhaftes Phänomen. Der britische Athlet Roger Bannister war der erste Mensch, dem 1952 dieser damals undenkbare Kraftakt gelang. Verbesserungen von Schuhen, Laufstrecken, Ernährung und Training haben jedoch dazu geführt, dass bis heute etwa 1500 Menschen Bannisters Rekord egalisiert haben.[6]

Sport ist auch ein Forum für die Verbreitung von Ideen. Die Auswirkungen auf politische Agenden und Themen sind heute gut dokumentiert. Sport kann auch den Zusammenhalt und Verbindungen zwischen Menschen mit unterschiedlichen sozialen und ethnischen Hintergründen fördern. Das Wissen, dass Sport zudem gesundheitsfördernd ist, reicht bis in die ersten chinesischen Dynastien zurück. Es gibt Hinweise darauf, dass Kung-Fu als Bewegungsübung von buddhistischen Shaolin-Mönchen begann.[7] Heute anerkennen Regierungen auf der ganzen Welt die Idee, dass sportliche Betätigung ein effizientes und kostengünstiges Mittel ist, um Zivilisationskrankheiten einzudämmen.

Sport hat schon immer dazu gedient, den Menschen ein Gefühl der Zugehörigkeit zu vermitteln. Das beweist das Aufkommen neuer Sportmannschaften im rasant industrialisierten Europa des 19. Jahrhunderts. Manchester United, Borussia Dortmund, FC Barcelona und Juventus begannen als kleine Klubs der Arbeiterklasse, die sich in den neuen städtischen Schmelztiegeln formierten. Sport wurde zum Mittel, um in neu entstandenen Gemeinschaften soziale Bindungen zu knüpfen.

Die schöne neue Seite des Sports

Die Welt steht an der Schwelle zu fundamentalen Umwälzungen. Die Treiber des Wandels sind vielfältig: vom Klimawandel über die wirtschaftliche Polarisierung bis hin zu technologischen Disruptionen. In dieser neuen Welt bleibt der Sport eine Konstante. In der Tat ist Sport in der Lage, soziale Innovationen auch im 21. Jahrhundert zu fördern und in die Gesellschaft zu tragen. Sport ist untrennbar mit Bildung und akademischer Leistung verbunden. Er fördert den Teamgedanken und (manchmal) auch die Demut. Pessimisten hingegen sehen im Sport ein probates Mittel, um die Massen von politischen Skandalen, sinkender Lebensqualität oder mangelnder Chancengerechtigkeit abzulenken.

Wie bei allen komplexen Phänomenen haben beide Standpunkte ihre Berechtigung. Jedoch haben kritische Aspekte und Themen wie beispielsweise exorbitante Spielergehälter oder politische Grabenkämpfe rund um Grossereignisse das Potenzial, die neue Sportwelt zu überschatten. Um Sport als Mittel gesellschaftlicher Verbesserung nutzen zu können, müssen wir uns seiner vollen Strahlkraft bewusst sein.

Es gibt einige klare Indikatoren für das positive Veränderungspotenzial des Sports. Ein Beispiel ist die Formel E, die dank ihrer wachsenden Popularität das Profil von ökologisch verträglichen Motorsportarten schärft und die Attraktivität von elektrisch betriebenen Fahrzeugen erhöht. Weiter gibt es Fortschritte in der Medizin und im Human Enhancement. Doping im Sport ist nach wie vor ein allgegenwärtiges Problem. Aber wissenschaftliche Erkenntnissprünge in Präzisionsmedizin, Ernährungswissenschaften und Trainingsmethoden werden zunehmend in Wettkämpfen eingesetzt. Langfristig könnten auch bewusstseinserweiternde Medikamente, sogenannte Nootropika, zusammen mit einer ganzen Reihe von anderen Human Enhancements, zum Einsatz kommen. Der Sport kann dadurch einen Kulturwandel einleiten, der die Akzeptanz und Verbreitung solcher Praktiken in breiteren Bevölkerungskreisen erhöht. Allerdings werden die technologischen Umwälzungen auch den Begriff des Sports an sich verändern. Die Debatte um empfindsame Maschinen und KI wird zunehmend in die Sphäre des Sports eindringen. Die Nutzung von autonomen Robotern in Sportwettkämpfen wird unseren Umgang mit intelligenten Systemen prägen. KI-basierte Sportarten werden beeinflussen, ob und wie wir den Einsatz von Maschinen im Kontext von Sport akzeptieren oder sogar bewundern und schätzen werden. Darüber hinaus wird es zu Debatten kommen, inwiefern Menschen für Entscheidungen autonomer Algorithmen verantwortlich gemacht werden können.

Und schliesslich werden neue moralische Wertvorstellungen wie Diversität und Inklusion innerhalb von Teams, Verbänden, Ligen und Sponsorenmarken an Dynamik gewinnen. Dies wird auch vermehrt von der Öffentlichkeit eingefordert. Sport wird mehr und mehr eine Arena, die für die Durchsetzung sozialer Belange genutzt wird, ganz egal ob es dabei um Ungleichheit zwischen den Geschlechtern, Rassismus oder Umweltprobleme geht. Sport gleicht sich damit in seiner Funktion jener der Bildung an. Überschneidungen ergeben sich längst nicht nur im schulischen Sportunterricht.

Sport ermöglicht auch soziale Mobilität, indem einer noch breiteren Gruppe an Menschen neue Fertigkeiten nähergebracht und Informationen zugänglich gemacht werden. Im Grossen und Ganzen wird sich der Sport wahrscheinlich noch weiter aus seinen bestehenden Grenzen lösen, um mehr Bereiche des öffentlichen Lebens zu durchdringen. Das bedeutet, dass Sportinfrastruktur verstärkt in die Stadtplanung miteinfliessen wird, um neue ganzheitliche, sportorientierte Lebenswelten zu entwerfen.

Zwischen Hype und Realität

Um die künftigen Potenziale des Sports voll auszuschöpfen, bedarf es jedoch einiger Anstrengungen. Mit jeder Chance entstehen auch neue Hürden. Deshalb ist es wichtig, dass die Akteure im Sport (selbst-)kritisch bleiben und die Zukunft fortlaufend neu eruieren. Fakt ist: Viele Visionen, Absichtserklärungen und Revolutionen, wie wir Sport ausüben, konsumieren und gestalten, sind noch nicht umgesetzt. Virtual Reality (VR) ist ein Beispiel dafür. Während Futurologen die Vorteile von VR-basiertem Sportkonsum seit Langem anpreisen, wird es wohl noch einige Zeit dauern, bis Headsets Bildschirme grossflächig ersetzen. Zudem haben auch neue ökologische Standards einen schweren Stand. Ein einheitliches Regelwerk, das im Rahmen von «Environmental Fair Play» alle Teams und Athleten innerhalb eines Wettbewerbs dazu verpflichtet, konkrete Nachhaltigkeitsziele einzuhalten – wie zum Beispiel die Reduktion von CO_2-Emissionen oder optimierte Ressourcennutzung –, scheint in weiter Ferne. Es ist klar, dass sich der Sport künftig an derlei Vorgaben orientieren muss, aber die Umsetzung solcher Initiativen wird sich weiterhin als Herausforderung erweisen.

Das Potenzial von Human Enhancement ist faszinierend. Man stelle sich vor, Athleten könnten alle wissenschaftlichen Erkenntnisse und Methoden zur Steigerung der menschlichen Leistungsfähigkeit in einem uneingeschränkten Wettbewerb nutzen. Aktuelle Regeln, Wertvorstellungen und rechtliche Fragen (wie beispielsweise auf dem Gebiet der Genetik) machen ein solches Spektakel derzeit unwahrscheinlich. Unterschiedliche Sichtweisen und Haltungen auf nationaler Ebene werden den Diskurs zu diesem Thema sehr kompliziert und komplex gestalten: Die Positionen autokratischer und liberaler Staaten könnten sich in der Frage, ob und welche Athleten an solchen Human-Enhancement-Wettbewerben teilnehmen dürften, stark unterscheiden. Wie in jeder Phase des Fortschritts wird es jedoch Momente des Hypes geben, die plötzlich Schlagzeilen produzieren. Solche Innovationsvorhaben und ihr gesellschaftliches Transformationspotenzial werden hohe Erwartungen schüren. Die Erwartungen müssen basierend auf vernünftigen Debatten, Voraussicht innerhalb des Sektors und neuen Orientierungsmassstäben eingeordnet werden. Sport ist traditionell hierarchischen Strukturen verpflichtet, die sich möglicherweise nur ungern auf Zukunftsszenarien einlassen, die in der Praxis ein Umdenken bedeuten. Eine Gegenreaktion der Branche ist denkbar. Konservativere Führungsgremien könnten dabei versuchen, Innovatoren und Pioniere zu reglementieren und zu marginalisieren.

Eine wünschenswerte Zukunft gestalten

Während die Kommerzialisierung im Sport rasant voranschreitet – mit Dominanz von globalen Sportarten wie Fussball, Eishockey, Basketball, Formel 1 (F1) und Kricket –, wird es in Zukunft zu einer höheren Vielfalt kommen. Schon jetzt bestimmen Entscheidungsträger aus Wirtschaft, Politik und Wissenschaft, wie man Sport nutzen kann, um ethische, soziale und ökologische Werte in der Gesellschaft zu verbreiten. Sport wird auch ein immer effektiveres Mittel zur Förderung eines gesunden und nachhaltigen Lebensstils. Die Frage für Entscheidungsträger und die Leser dieser Publikation ist, wie erfolgreich Sport in den künftigen Alltag integriert wird und wie wir in einer Welt nach der Pandemie das sportliche Gemeinschaftselement wiederbeleben können. Dieses kollektive Erlebnis entsteht, wenn Tausende von Menschen sich für die gleiche Leidenschaft oder ein gemeinsames Ziel vereinen.

Wie werden sich diese Entwicklungen in Kombination mit der steigenden Relevanz von Technologie im Sport manifestieren? Um diese Frage zu beantworten, interviewten W.I.R.E. und Infront eine Reihe von Vordenkern aus verschiedenen Teilbereichen des Sportsektors *(siehe Anhang)*. Die gewonnenen Erkenntnisse wurden genutzt, um Vorhersagen über die Zukunft des Sports in Bereichen wie Medienkonsum, Weiterentwicklung des E-Sports, der unabhängigen Selbstvermarktung von Athleten oder der öffentlichen Sportinfrastruktur zu machen.

Jede Vorhersage wird mit einem dazugehörigen, visionären Szenario illustriert. Diese fiktiven Inhalte und Illustrationen sind sehr konkret, provokativ und manchmal sogar kontrovers ausgestaltet und sollen dazu anregen, eine Diskussion darüber zu führen, wie eine wünschenswerte Zukunft des Sports aussehen könnte. Entscheidend für diese Publikation ist die Frage: Welche Rolle wird der Sport in der Gesellschaft der Zukunft spielen? Dabei werden wir auch untersuchen, ob der Sport lediglich ein Spiegel gesellschaftlicher Entwicklung ist oder die Lebenswelt von Menschen aktiv verändert. Die Ergebnisse deuten darauf hin, dass Sport in den nächsten Jahrzehnten als Wegbereiter die Gesellschaft befähigt und voranbringt. Die Sportwelt ist eine der letzten Domänen, die unterschiedlichste Menschen und Völker verbindet und technologische Innovationen auf spielerische Art und Weise vorantreibt. Der Sport wird also mehr als nur ein Spiegel der Gesellschaft sein. Stattdessen wird die neue Sportwelt eine prägende Rolle dabei spielen, wie Mensch und Gesellschaft im 21. Jahrhundert leben, scheitern und prosperieren.

QUELLEN

1. Speedgate (2021): Play Speedgate
2. National Bureau of Statistics of China (2021): Announcement on Total Scale and Value-added Data of National Sports Industry in 2019
3. Newzoo (2021): Viewership Engagement Continues to Skyrocket Across Games and Esports: The Global Live Streaming Audience Will Pass 700 Million This Year
4. RealSense (2018): Tracking NBA Shooting Stats with RSPCT Using Intel® RealSense™ Technology
5. Wikiwand (2021): History of Sport
6. CBC (2018): Only 1,497 humans have ever broken the 4-minute mile – and I'm one of them
7. Health & Fitness History (2021): History of Kung Fu

Aufbruch in eine neue Sportwelt

2

BEDEUTUNG UND
FUNKTIONEN IM ÜBERBLICK

Warum wir Sport brauchen

Bevor man sich die Zukunft des Sports vorstellen kann, stellt sich eine vermeintlich einfache Frage. Was ist Sport? Es gibt darauf keine abschliessende oder allgemeingültige Antwort. Sport kann Wettkampf, Spiel, Lebensstil, Glauben und Ritual sein — und er ist eng verknüpft mit dem menschlichen Verständnis von Sieg und Niederlage. Sport ist auch ein Motor des Fortschritts in Technologie, Wissenschaft und Design und beeinflusst unseren Sinn für Ästhetik. Gleichzeitig gehören Sportstars zu den prominentesten Persönlichkeiten der Welt.

Sport ist und bleibt ein hochkomplexes, fast ungreifbares soziales Konstrukt. Der pragmatischste Weg, eine Grundlage für diese Publikation zu legen, ist daher nicht mit der Frage zu beginnen «Was ist Sport?», sondern «Warum brauchen wir ihn?» Das folgende Kapitel versucht sich der Antwort in einer Reihe von Unterkapiteln anzunähern, von denen jedes eine grundlegende Funktion des Sports beschreibt.

Die heutige Perspektive legt den Grundstein für einen systematischen Ausblick auf die Zukunft der globalen Sportlandschaft. Welche menschlichen Bedürfnisse wird der Sport in Zukunft befriedigen? Wie werden sich Digitalisierung, medizinischer Fortschritt und zunehmendes Gesundheitsbewusstsein auf den bevorstehenden Wandel auswirken? Ein tiefgreifendes Verständnis der Grundfunktionen des Sports ist für diesen Ausblick erforderlich.

Wettbewerb und Spiel [20]

Gesundheit und Wohlbefinden [23]

Gemeinschaft und Identität [26]

Unterhaltung und Ästhetik [29]

Business und Kommerz [32]

Politik und Soft Power [35]

Soziale und ökonomische Entwicklung [38]

Natur und Umwelt [41]

FUNKTIONEN DES SPORTS

Warum wir Sport brauchen

WETTBEWERB *UND* SPIEL

Der Basketballspieler Michael Jordan ist eine der bekanntesten Sportpersönlichkeiten der Gegenwart. Im Jahr 2020 hielt der ehemalige Chicago-Bulls-Spieler immer noch den Rekord für die meisten durchschnittlich erzielten Punkte pro Spiel. Im Geschäftsleben ist Jordan genauso erfolgreich – seine Sponsorenverträge und Investitionen haben ihn zum reichsten Athleten in der Geschichte des Sports gemacht. Für manche verdankt Jordan seinen Erfolg einem kompromisslosen Wettbewerbseifer, der ihn in jeder Facette seines Lebens antreibt. Jordan soll seine Teamkollegen während des Trainings bei den Bulls geschlagen haben und ist beim Golfen ausufernde Wetten eingegangen. Er forderte selbst das Sicherheitspersonal zu Münzwürfen hinaus, um kleine Gewinne einzustreichen. Diese

Frühe Formen des Fussballs wurden als gewalttätige Mob-Aktivität ausgeübt, die das menschliche Bedürfnis nach spielerischem Wettbewerb befriedigten.

Anekdoten illustrieren eine Kernwahrheit der menschlichen Veranlagung.[1] Wir sind dazu konditioniert, gegen andere, gegen uns selbst und gegen äussere, nicht greifbare Kräfte (wie die Zeit) anzutreten. Unsere Karrieren, Familienleben, Beziehungen und die persönliche Gesundheit werden oftmals als eine Reihe von Kämpfen beschrieben, in denen wir entweder siegen oder scheitern. Wir ringen mit dem Schicksal, kämpfen um unsere Liebe und besiegen den Krebs. Im Lauf seiner Geschichte hat der Mensch Sport immer wieder genutzt, um Konflikte zu simulieren, die seinen Wohlstand gefährden, seinen Stellenwert in der Gesellschaft schmälern oder gar sein Leben bedrohen.

Das menschliche Konkurrenzbedürfnis

Viele der weltweit praktizierten Sportarten haben einen gemeinsamen Aspekt – sie stellen ein formalisiertes Handlungsmuster für diejenigen Aktivitäten dar, die das menschliche Überleben gewährleisten. Es gibt immer mehr Belege dafür, dass Wettbewerb – oder genauer gesagt das Gewinnen – gut für uns ist.[2] In seinem Buch «The Winner Effect» stellt Ian Robertson fest, dass Gewinnen durch die erhöhte Ausschüttung des chemischen Botenstoffs Dopamin das Belohnungszentrum im Gehirn aktiviert. Unser Gehirn nimmt den Sieg wahr und belohnt uns auf die gleiche Weise, wie wenn wir uns ausruhen, essen oder Sex haben. Auch die Gesellschaft belohnt Sieger mit höherer Anerkennung, Status und Prestige. Einige Studien behaupten sogar, dass Sieger eine höhere Lebenserwartung haben, da sie immer wieder Gratifikationen erhalten: Nobelpreisträger und Oscar-Gewinner haben tendenziell eine höhere Lebenserwartung als Nominierte.[3]

Die Freude am Spielen

Während unser Verständnis von Existenz stark durch binäre Ideen von Sieg und Niederlage geprägt wird, ist der Impuls zu spielen untrennbar mit dem Wettbewerb verbunden. Spielen – definiert als ein wiederholtes, freiwilliges Handeln ohne praktischen Zweck – ist in allen Ecken der Welt und im gesamten Tierreich zu beobachten. Aufgrund des nachgewiesenen Spieltriebs anderer Säugetiere und Insekten ist davon auszugehen, dass unsere Vorfahren bereits spielten, lange bevor die ersten menschlichen Zivilisationen entstanden. Neolithische Höhlenmalereien aus der Mongolei zeigen, dass eine der ersten Sportarten der Menschheit – das Ringen – irgendwann um 7000 v. Chr. kodifiziert wurde.[4] Das Spiel ist genauso Bestandteil der menschlichen Erfahrung wie der Wettbewerb. Spiel kann wettbewerbsorientiert sein, genauso wie Wettbewerb spielerisch sein kann. Der deutsche Dichter Friedrich Schiller formulierte hierzu: «Der Mensch spielt nur, wo er in voller Bedeutung des Wortes Mensch ist, und er ist nur da ganz Mensch, wo er spielt.»[5]

Warum wir Sport brauchen

Sport in der Geschichte

Ein Blick in die Geschichte zeigt, wie spontane Wettkämpfe und spielerische Aktivitäten den Begriff des Sports, wie wir ihn heute verstehen, hervorgebracht haben. Einige Sportarten verdanken ihre Ursprünge dem militärischen Kampf – Wagenrennen, Bogenschiessen und Leichtathletik –, andere basieren auf zwischenmenschlicher Rivalität und Hierarchiebildung. So führten Faustkämpfe um die Gunst von Frauen im 19. Jahrhundert in England zu den Queensberry-Boxregeln.[6] Andere haben einen eher folkloristischen Ursprung: Es gibt verschiedene Geschichten über die Wurzeln des Fussballs. Einigen Quellen zufolge entstand der Volkssport als gewalttätige Mob-Aktivität an öffentlichen Feiertagen in England.[7] Doch ohne Strukturen und Regeln, die einen fairen Wettbewerb garantierten, war das Potenzial dieser unorganisierten Aktivitäten eingeschränkt. Das gesellschaftliche Verlangen nach spielerischem Wettbewerb konnte nicht erfüllt werden. Diesem Umstand wurde im viktorianischen Zeitalter Rechnung getragen, indem Regeln aufgestellt und Verbände für eine Vielzahl von Sportarten gegründet wurden. Beispiele sind die Football Association, die Rugby Football Union und die Lawn Tennis Association, die allesamt aus dieser Zeit stammen. Viele entstanden in Kneipen mit der Absicht, in den entstehenden industriellen Gemeinschaften ein Gefühl der Identität zu stiften *(siehe Kapitel 3)*. Die erstmals gegründeten Verbände ermöglichten jedoch in erster Linie einen fairen Wettkampf.

Im folgenden Jahrhundert entdeckte die Menschheit neue Grenzen sportlicher Leistungsfähigkeit. Sport stützte sich vermehrt auf die schnell voranschreitende Wissenschaft und Technologie. Ernährungswissenschaften, Spielstrategien, Ausrüstungsdesign, Materialwissenschaften und Trainingsmethoden adressieren das menschliche Grundbedürfnis nach spielerischem Wettkampf immer effizienter. Dies hat jedoch eine Reihe von unbeabsichtigten Konsequenzen nach sich gezogen – von Dopingskandalen und Korruptionsvorwürfen im Spitzensport bis hin zu Athleten mit psychischen Erkrankungen und chronischen Verletzungen.

QUELLEN

1 Business Insider (2021): 28 examples of Michael Jordan's incredible competitiveness

2 Ian Robertson (2013): The Winner Effect: The Science of Success and How to Use It

3 Harvard Health Publishing (2006): Social Status: Longer life expectancy for Oscar winners

4 The Post and Courier (2016): Wrestling 'in our blood,' says Bulldogs' Luvsandorj

5 Friedrich Schiller (1794): Letters Upon The Aesthetic Education of Man

6 Britannica (2021): The Queensberry Rules

7 Soccer History Organisation (2021): Soccer History

GESUNDHEIT UND WOHLBEFINDEN

Im Mai 2020 veröffentlichten Forscher der Stanford University eine Studie, die die Wirkung von Leibesübungen auf den Menschen untersuchte.[1] Die Wissenschaftler liessen 36 Teilnehmer neun Minuten auf dem Laufband rennen und analysierten anschliessend Blutproben. Sie entdeckten, dass eine einzige Trainingseinheit das chemische Gleichgewicht von 9815 Molekülen im Blutkreislauf verändert. Während das Ziel des Experiments darin bestand, Fitness besser zu quantifizieren, wurde stattdessen etwas anderes deutlich: Die Untersuchung hat gezeigt, welche tiefgreifenden Auswirkungen Bewegung auf den Menschen hat. Dieses transformative Potenzial (ob chemisch, physiologisch oder mental) ist ein Hauptgrund für die Beliebtheit von Sport und der Grund, warum Sport so untrennbar mit der Gesundheit und dem persönlichen Wohlbefinden verbunden ist.

Die Folgen körperlicher Inaktivität

Die medizinische Gemeinschaft warnt schon lange vor einer heimtückischen Gesundheitsgefahr: körperliche Inaktivität. «The Lancet», eine medizinische Fachzeitschrift, hat Inaktivität als «Pandemie mit weitreichenden gesundheitlichen, wirtschaftlichen, ökologischen und sozialen Folgen» beschrieben. Die Weltgesundheitsorganisation (WHO) nennt Bewegungsmangel als Hauptursache für Brust- und Dickdarmkrebs (21 bis 25 Prozent), Diabetes (27 Prozent) und ischämische Herzkrankheiten (30 Prozent).[2] Schockierend ist, dass die meisten Menschen heute in Ländern leben, in denen Fettleibigkeit mehr Todesopfer fordert als Unterernährung.[3] Bislang wurde diesen Problemen weltweit mit Regierungsinitiativen begegnet (wie beispielsweise «Fettsteuern»). Dazu kamen Antworten aus dem privaten Sektor. Breitensportprogramme standen jedoch nicht im Vordergrund. Ein progressiver Schritt wurde im Mai 2019 unternommen, als Neuseeland sein ehrgeiziges «Wellbeing Budget» ankündigte, das die Lebensqualität verbessern sollte, auch wenn die direkten Ergebnisse dieser ambitionierten Initiative limitiert waren.[4]

Warum wir Sport brauchen

Im privaten Sektor hat das Problem der zunehmenden Fettleibigkeit auch einen Boom der «Physical Activity Economy» ausgelöst. Dieser vom Global Wellness Institute geprägte Begriff beschreibt kostenpflichtige Gesundheitsangebote von Fitnessklubs bis hin zu Yogakursen. Das Institut hat kalkuliert, dass dieser Sektor 2019 828 Milliarden US-Dollar wert war. Bis 2023 wird eine Steigerung auf 1,1 Billionen US-Dollar erwartet.[5]

Die gesundheitlichen Vorteile des Sports

Heute ist der Zusammenhang zwischen Sport und Gesundheit gut belegt, aber das Verständnis hat sich im Lauf der Geschichte gewandelt. Die frühesten Aufzeichnungen über gesundheitsfördernde körperliche Betätigung stammen aus dem alten China (etwa 2500 v. Chr.), als Hua Tuo, ein angesehener Chirurg, Übungen propagierte, die Tierbewegungen nachempfunden waren.[6] Im antiken Griechenland wurde körperliches Training Teil der Erziehung und eine gesunde Lebensführung gewann in breiteren Gesellschaftsschichten an Bedeutung. Diese Wertschätzung des Zusammenhangs zwischen Sport und Gesundheit wurde durch die Verbreitung des Christentums im Mittelalter unterdrückt. Dies führte dazu, dass viele griechisch-römische Sportarten wegen ihrer heidnischen Assoziationen aufgegeben wurden. In einer Zeit, in der die spirituelle Entwicklung die höchste Priorität hatte, galt die körperliche Entwicklung zunehmend als sündig.[7] Die Aufklärung des 17. Jahrhunderts leitete die Wiederentdeckung des Zusammenhangs von Gesundheit und Sport ein. Der Genfer Philosoph Jean-Jacques Rousseau bezeichnete Bewegung für die Ausbildung gesunder, kräftiger Kinder sowie für die Verbreitung von moralischen Tugenden als «wichtigsten Teil der Erziehung».[8]

Die ungesunden und gefährlichen Schattenseiten

Rousseau mag zwar ein Verfechter der gesundheitlichen und moralischen Vorteile von Sport gewesen sein. Doch auch er konnte die Gefahren nicht voraussehen, die durch eine exzessive Ausübung entstehen. In den USA sind diese besonders ausgeprägt. Nach Angaben des National Safety Council verursachen allein Basketball, Radfahren und American Football jährlich zwei Millionen Sportverletzungen.[9] Inzwischen hat der gesellschaftliche Fokus auf Gesundheit und Körperwahrnehmung auch klare Risiken für das psychische Wohlbefinden hervorgebracht. Einige Gesundheitsexperten warnen vor einem Anstieg der sogenannten Anorexia Athletica. Es handelt sich um eine Krankheit, die mit zwanghaftem Training einhergeht, um ein abnormal niedriges Körpergewicht zu erreichen. Gemäss dem National Health Service (NHS) sind in Grossbritannien die Krankenhauseinweisungen wegen Essstörungen zwischen 2018 und 2019 um über ein Drittel gestiegen.[10]

QUELLEN

1. Stanford Medicine (2020): Stanford Medicine study details molecular effects of exercise
2. World Health Organization (2011): WHO stresses importance of physical activity for cancer prevention
3. The Guardian (2020): Malnutrition leading cause of death and ill health worldwide – report
4. The Guardian (2021): New Zealand's 'wellbeing budget' made headlines, but what really changed?
5. Global Wellness Institute (2018): Wellness Industry Statistics & Facts
6. Chinese Medicine and Culture (2018): Hua Tuo's Wu Qin Xi (Five Animal Frolics) movements and the logic behind it
7. S.R. Sharma (1994): Encyclopedia of Sports Health and Physical Education
8. Jean-Jacques Rousseau (1772): Considerations on the Government of Poland and on its Proposed Reformations
9. National Security Council (2020): Injury Facts
10. NHS (2020): Anorexia in younger children may be increasing
11. The Lancet (2018): Association between physical exercise and mental health
12. Sports Health (2020): Play Sports for a Quieter Brain: Evidence From Division I Collegiate Athletes

Mentales Wohlbefinden als neuer Fokus

Die Interdependenz von Sport und mentalem Wohlbefinden ist komplex. Die oben genannten Krankheitsbilder basieren auf persönlichen Neurosen wegen sozialen Drucks und gesellschaftlicher Körperwahrnehmungen. Dabei ist die positive mentale Wirkung von Sport und Bewegung ausreichend erwiesen. Untersuchungen der Universitäten Yale und Oxford zeigen, dass sportliche Aktivitäten mehr Glücksmomente bescheren als Geld.[11] Aber die deutliche Zunahme von psychischen Problemen in der Gesellschaft veranlasst viele dazu, sich mit der Frage zu befassen, wie Sport, Bewegung und Meditation die geistige und körperliche Resilienz verbessern können. Dies ist in einer neuen Eröffnungswelle von Fitnessstudios für Gehirntraining wie dem Londoner Ruderclub Rowbots zu beobachten. Ziel ist es, Kunden zu helfen, ihre mentale Belastbarkeit zu verbessern und damit ihre sportlichen Ziele zu erreichen. Darüber hinaus ermöglicht Sport einen besseren Umgang mit Ablenkung und Informationsflut. Die Northwestern University fand heraus, dass Sportler verglichen mit Nichtsportlern effektiver darin waren, Hintergrundgeräusche auf einer Tonspur zu ignorieren und akustische Hinweise zu erkennen.[12] Das Verlangen der Menschheit nach Langlebigkeit, Widerstandsfähigkeit gegen Krankheiten, Attraktivität, Vergnügen und Kameradschaft sind alle untrennbar mit unserem Streben nach Gesundheit und Wohlbefinden verbunden. Sportliche Betätigung bietet nach wie vor den einfachsten Zugang zur Erreichung dieser Attribute.

Hua Tao, ein Chirurg aus dem alten China, propagierte Gesundheitsübungen, die Tierbewegungen nachempfunden waren.

Warum wir Sport brauchen

GEMEINSCHAFT UND IDENTITÄT

Das Old Spotted Dog Stadium im Osten Londons gilt als die älteste Fussballspielstätte der Stadt. Das Stadion – erreichbar über eine kleine Gasse an einem heruntergekommenen Pub vorbei – ist die Heimat des Clapton Community Football Club der Middlesex County League. Im Jahr 2011 zählte man hier noch etwa 20 Zuschauer. 2015 waren es schon über 500. Es waren aber nicht die Neuzugänge von Talenten, die die Zuschauerzahlen in die Höhe schnellen liessen (die Mannschaft spielt neun Ligen unterhalb der nationalen Spitzenklasse): Was die Massen anzieht, sind die Betonung gemeinsamer Werte und die Aufrechterhaltung eines Gemeinschaftsgefühls. Die Fanbasis des Klubs definiert sich über den Kampf gegen Rassismus, Faschismus und Sexismus. Sie sammelt Geld für Lebensmittelhilfe, spendet für lokale Zwecke und unterstützt Flüchtlinge. Dieser Aktivismus hat eine spontane Gemeinschaft gebildet, die den Mitgliedern einen Sinn gibt und ihnen die Möglichkeit bietet, ihre individuelle Identität auszudrücken – mit dem Sportverein als Dreh- und Angelpunkt.

Fangemeinschaften, wie beispielsweise die Anhänger des Clapton Community FC, drücken durch Choreografien ein Gemeinschaftsgefühl aus.

Der Mensch als soziales Tier

Der Drang, Teil einer Gemeinschaft zu sein, ist zentral für das menschliche Dasein. Während einige Ökonomen und Biologen die Vorstellung propagieren, dass Wettbewerb und Eigennutz das Leben prägen, wird diese Ansicht durch die evolutionäre Bedeutung von Kooperation infrage gestellt.[1] Tatsächlich belegt die Neuroforschung, dass sich Menschen gut fühlen, wenn sie kooperieren. Die Zusammenarbeit mit anderen Menschen stimuliert die gleichen Belohnungsareale des Gehirns wie finanzielle Erfolge oder Drogenkonsum. Die Gefahren der Isolation werden hingegen immer deutlicher. Ein Mangel an sozialer Interaktion mindert kognitive Funktionen älterer Menschen und wirkt sich negativ auf das Immunsystem aus.[2] Eine Studie der Brigham Young University warnt, dass Einsamkeit eine grössere Gesundheitsbedrohung als Fettleibigkeit darstellt.[3]

Gemeinschaftsgefühl in einer fragmentierten Gesellschaft

Eine der grössten Fragen moderner globaler Gesellschaften lautet: Wie können wir in einer Zeit der beispiellosen Migration, Urbanisierung und digitalen Ablenkung Gemeinschaften aufbauen und erhalten? Es gibt Hinweise darauf, dass ein Teil der Antwort in der sportlichen Aktivität liegt – ob als Spieler oder Zuschauer. Untersuchungen von Jugend- und Amateurmannschaften haben gezeigt, wie die Teilnahme am Sport bei der Entwicklung von Fähigkeiten im Berufsleben unterstützt, den sozialen Zusammenhalt stärkt, einen Bezugsrahmen für Gespräche liefert, die Entwicklung von Führungsqualitäten fördert, Zivilcourage erhöht und Kriminalität reduziert.[4] Diese Faktoren sind ausschlaggebend für den Aufbau starker Bindungen in der Gesellschaft. Vorteile entstehen dabei auf zwei Ebenen: Erstens durch die Teilnahme an kollektiver körperlicher Betätigung – der jüngste Popularitätsanstieg von Teamsportarten deutet darauf hin, dass Sport bei der Bekämpfung der drohenden Einsamkeitsepidemie eine wichtige Rolle übernehmen kann. Zweitens durch die kollektive Unterstützung einer Mannschaft oder eines Sportlers. Beide Ebenen haben das Potenzial, Teile der Gesellschaft zu vereinen, die ansonsten wenig Berührungspunkte miteinander hätten.

Sport und Identitätsbildung

Abgesehen von der menschlichen Veranlagung, die Akzeptanz der Gemeinschaft zu ersuchen, ist die Beschäftigung mit dem Selbst eine dominante psychosoziale Kraft in individualisierten westlichen Gesellschaften. In allen Beschäftigungen und Interessen, denen wir nachgehen, beschreiten wir einen Weg zu einer idealisierten Version von uns selbst. Der Soziologe Anthony Giddens erforscht dies in seinem Buch «Modernity and Self-Identity». Er kommt zum Schluss, dass Identität nicht mehr länger eine stabile Gegebenheit ist, die durch Geschlecht, Klasse oder Ethnizität bestimmt wird.[5] Stattdessen muss die Identität ständig konstruiert werden. Die Aufrechterhaltung und Weiterentwicklung sind tägliche Aufgaben, die erarbeitet und reflektiert werden müssen. Diese Bedingungen führen scheinbar dazu, dass man den eigenen Charakter vermehrt durch das Betreiben von Sport definiert, indem man seine sportliche Identität zum Ausdruck bringt. Die Identifikation als Fan ist ein weiteres Mittel, um zu zeigen, wer wir sind. Fanverhalten und Persönlichkeit beeinflussen sich gegenseitig tiefgreifend.

Die Gefahren der Überidentifikation

Jede Form der Identitätsstiftung trägt zu einer Abgrenzung bei. In einigen Sportarten kippt dieses Spannungsfeld in Aggression und manchmal sogar Gewalt. Gleichzeitig kann eine übermässige Abhängigkeit von der Gemeinschaft zu chauvinistischem Verhalten führen. Dabei wird die Fähigkeit des Einzelnen reduziert, unabhängig zu denken. Hierfür gibt es eine wissenschaftliche Erklärung.[6] So beobachteten Harvard-Neurowissenschaftler, dass der präfrontale Kortex, der unter anderem für die Selbstreflexion zuständig ist, in Menschenmengen weniger aktiv ist. Dies macht uns anfälliger für Gruppendenken und könnte teilweise erklären, weshalb Fans sogar randalieren, wenn ihre Mannschaft gewinnt. Die Zuschauer beteiligen sich an krawallartigem körperlichem Verhalten, um intensiver am Sieg ihrer Mannschaft teilzuhaben: Wenn sie schon keinen Ball werfen können, dann wenigstens eine Flasche oder einen Stein. Eine exzessive Anhängerschaft birgt die Gefahr, sich zu sehr auf die Fanidentität zu verlassen. Dies zeigte sich beispielsweise im Frühjahr 2020, als die Absage von Live-Sport viele passionierte Fans ratlos zurückliess. Kollektive Rituale wie der Sport geben ein Gefühl von Kontrolle und sozialer Verbundenheit. Ihr Verlust führt häufig zu Gefühlen der Isolation, Entfremdung und Unsicherheit. Doch auch wenn es in den oben genannten Beispielen Herausforderungen gibt, spielt Sport eine entscheidende Rolle bei der Stärkung sozialer Bindungen. Sport hat das Potenzial, die negativen Auswirkungen einer polarisierenden Politik und die postmoderne Entfremdung teilweise zu überwinden.

QUELLEN

1 Emory University Health Sciences Center (2002): Emory Brain Imaging Studies Reveal Biological Basis For Human Cooperation

2 National Institute on Ageing (2019): Social isolation, loneliness in older people pose health risks

3 American Psychological Association (2017): Social isolation, loneliness could be greater threat to public health than obesity

4 Sport Management Review (2015): The role of sport in community capacity building: An examination of sport for development research and practice

5 Anthony Giddens (2015): Modernity and self-identity

6 Neuroimage (2014): Reduced self-referential neural response during intergroup competition predicts competitor harm

UNTERHALTUNG UND ÄSTHETIK

In der öffentlichen Wahrnehmung haben Sport und die darstellenden Künste wenig gemeinsam. Doch auch wenn sich ein Abend im New Yorker Metropolitan Opera House und ein Baseballspiel am anderen Ende der Stadt im Yankee-Stadion fundamental unterscheiden, gibt es Gemeinsamkeiten. Die Darbietungen, die wir sehen, weisen viele Elemente eines klassischen Dramas auf: Beide haben Helden und Schurken sowie Prologe und Epiloge. Bei Sportwettbewerben gibt es jedoch weniger Sicherheit, dass die Figur, mit der wir mitfühlen, sich am Ende durchsetzen wird. Im Zusammenspiel mit Technik, Geschwindigkeit und Ästhetik entsteht ein fesselndes Zuschauerspektakel.

Sport als eine Form des Geschichtenerzählens

Der amerikanische Wissenschaftler Jonathan Gottschall beschrieb den Menschen als «eine Spezies, die nach Geschichten süchtig ist. Selbst wenn der Körper einschläft, bleibt der Geist die ganze Nacht wach und erzählt sich Geschichten.»[1] Das Erzählen bildet einen wesentlichen Bestandteil des menschlichen Geists. Der Sport reflektiert unseren Drang, Erzählungen zu nutzen, um unsere eigenen Erfahrungen zu verstehen. Zum Vergleich: Die meisten Sportereignisse verfügen über die sechs Hauptelemente des dramatischen Erzählbogens, den wir in Romanen, Theaterstücken, Filmen und im Fernsehen wiederfinden.

1 **Exposition**
   ERZÄHLUNG Einführung und Festlegung der Szene (wer, wo, wann) SPORT Analyse vor dem Spiel, Unterhaltung – Cheerleader, Pyrotechnik, Nationalhymne

2 **Steigerung**
   ERZÄHLUNG ein dramatischer Übergang, der die Hauptpersonen, Charaktere und ihre Motivationen einführt
   SPORT der erste gegnerische Kontakt wird hergestellt, ein erfolgreicher Aufschlag lanciert das Spiel

3 **Mittelpunkt**
ERZÄHLUNG   ein Punkt in der Mitte der Handlung, an dem die Hauptfiguren einen Moment der Veränderung erleben
SPORT   ein wichtiger Wendepunkt in der Mitte des Spiels (es sei denn, der Wettkampf ist einseitig)

4 **Höhepunkt**
ERZÄHLUNG   Die Handlung erreicht einen Krisenpunkt, an dem die Schicksale der Hauptfiguren in der Schwebe hängen.
SPORT   Eine kontroverse Schiedsrichterentscheidung steht an, der Favorit steht dem Herausforderer im entscheidenden Moment gegenüber.

4 **Fallende Handlung**
ERZÄHLUNG   Es gibt Erleichterung und Erlösung, wenn die Hauptfiguren über bedrohliche Kräfte triumphieren oder ihnen erliegen.   SPORT   Das Spiel ist so gut wie gewonnen, und eine Seite spielt auf Zeit.

6 **Auflösung**
ERZÄHLUNG   Die Geschichte wird aufgelöst, die Figuren nähern sich einem neuen Zustand   SPORT   Der Schlusspfiff ertönt, der Läufer erreicht die Ziellinie, der Matchball ist gewonnen.

Ob Leichtathletik oder Teamsport: Jeder Wettkampf bringt eine Reihe von Nebenhandlungen mit sich, die das Zuschauererlebnis bereichern. Das Verfolgen solcher Live-Events bietet eine Dramatik, die in der Fiktion nur schwer zu erreichen ist und deshalb auch als «Theater ohne Drehbuch» bezeichnet werden kann. Dieser Gedanke ist eng mit dem Gefühl des Spektakels verbunden, das bei Live-Sportveranstaltungen so greifbar ist. Einige argumentieren, dass moderne Sportereignisse das Format und die Konventionen antiker religiöser Rituale widerspiegeln (die ursprünglichen Olympischen Spiele hatten eine starke spirituelle Komponente), indem sie durch Prunk und Stimuli die Sinne schärfen und das Publikum fesseln.[2]

Die Einführung neuer Medien und Unterhaltungsformate steigerten das Spektakel und die Reichweite des Sports. Mitte des 20. Jahrhunderts wurden Sportereignisse zu Strassenfegern durch den Aufstieg von Massenmedien wie Radio und Fernsehen. Heute nutzt die Branche crossmediale Konzepte, die unter anderem digitale Plattformen, Audiokanäle und Videospiele umfassen. Diese vielfältigen Kanäle ermöglichen es Fans, in eine vernetzte Welt des Sports einzutauchen. Das Zuschauen selbst nimmt dabei nur einen kleinen Teil der Zeit ein, die man dem Sport widmet.

Die Ästhetik und Schönheit des Sports

Die Anziehungskraft des Sports ist eng mit dem angeborenen menschlichen Sinn für Ästhetik verbunden.[3] Viele schauen nicht nur zu, um einen Wettbewerb zu verfolgen, sondern um die Bewegungsästhetik von Athleten zu beobachten. Obwohl viele Sportarten nicht auf eine rein ästhetische Darbietung abzielen, sondern auf Effizienz im Erreichen von Punkten oder im Schiessen von Toren, schaffen sie dennoch ein ästhetisches Nebenprodukt. Boxer zum Beispiel, die im Ring tanzen, kreieren durch das Ausweichen der gegnerischen Schläge eine eigene Choreografie. Auf diese Weise ist der Sport eine zivilisierende Kraft, die Ästhetik kultiviert. Dieser Hang zur Ästhetik wird in manchen Sportarten deutlicher: Ein Stürmer im Fussball erzielt ein Tor, indem er den Ball über die Linie befördert, unabhängig davon, wie sauber oder geschickt er das macht. In performativen Sportdisziplinen hingegen – wie Eiskunstlauf, Freestyle-Ski oder Turnen – bewerten Jurys die Teilnehmer nach ihrer Fähigkeit, eine nahezu perfekte Darbietung zu produzieren.

Während Sport ein Bedürfnis der Menschen nach Unterhaltung befriedigt, entstehen auch negative Auswirkungen. Eine Sorge ist, dass die Unterhaltung den Fairplay-Gedanken in den Schatten stellt. Ein Beispiel für die Anleihe von Reality-TV-Praktiken ist in der Formula E zu beobachten, wo die populärsten Fahrer einen «Fanboost» erhalten. Die Zustimmung des Publikums drückt sich in einem schnelleren Auto und damit einem Wettbewerbsvorteil aus. Darüber hinaus führt eine übermässige Betonung der Ästhetik im Sport zu einer negativen Körperwahrnehmung. Insbesondere weibliche Athleten verspüren Druck, bei Wettkämpfen attraktiv auszusehen. Während es lange Zeit akzeptiert wurde, dass Schauspieler und Sänger Primadonna-Allüren annehmen können, erleben wir dies vermehrt auch bei sportlichen Wettkämpfen – ein weiteres Beispiel dafür, wie sich Sport und die darstellenden Künste ähneln.

QUELLEN

1 Jonathan Gottschall (2012): The Storytelling Animal: How Stories Make Us Human

2 Studies in Physical Culture and Tourism (2011): Some Observations about Ritual in Sport

3 Sport in Society (2018): The aesthetics of sport and the arts: competing and complementary

Um die Rennen der Formula E unterhaltsamer zu gestalten, können die beliebtesten Fahrer «Fanboosts» erhalten, die ihrem Auto einen Leistungsschub verleihen.

BUSINESS *UND* KOMMERZ

Im Juli 2020 stellte ein 24-jähriger American-Football-Quarterback einen neuen Weltrekord auf, indem er den lukrativsten Einzelvertrag in der Geschichte des Sports unterschrieb. Der wertvollste Spieler des National League Football (NFL) Super Bowl 2019, Patrick Mahomes, einigte sich mit den Kansas City Chiefs auf einen Vertrag, der ihm 503 Millionen US-Dollar bis 2031 einbringen wird (3 143 750 US-Dollar pro Spiel für die kommenden zehn Jahre).[1] Solche Geschichten sind in der hochkommerziellen Welt des Spitzensports an der Tagesordnung – und die Grenzen verschieben sich immer weiter. Es ist unwahrscheinlich, dass Mahomes Rekord lange Bestand haben wird. Die Normalität von riesigen Gehältern, Ablösesummen und Sponsorenverträgen zeigen, wie sehr die Sportlandschaft bereits von kommerziellen Interessen durchdrungen ist. Aber das ist nur ein Teil der Geschichte. Ohne Umsatzgenerierung an der Spitze der Sportpyramide, zum Beispiel durch die FIFA Fussball-Weltmeisterschaft oder die Olympischen Spiele, würden viele nationale Verbandsstrukturen nicht existieren können. Die monetäre Umverteilung entlang der Verbandshierarchien ist entscheidend für die Finanzierung der Infrastruktur, Sportausrüstung, Freizeitgestaltung und Talentförderung auf Breitensportebene.

Zuschauer reisten aus ganz Griechenland zu den antiken Olympischen Spielen, um Geschäfte zu machen und Wetten abzuschliessen.

Der Sport hat sich aus ökonomischer Sicht in den letzten Jahrzehnten als widerstandsfähig erwiesen. Während unvorhergesehene Ereignisse andere Sektoren erschütterten, scheint die Sportindustrie Herausforderungen wie die Finanzkrise 2008 und die digitale Disruption gut zu meistern. Die wirtschaftlichen Konsequenzen der COVID-19-Pandemie sind noch nicht vollständig bekannt, aber der Sektor wird wohl stabil bleiben. Die jährliche Wachstumsrate des globalen Sportmarkts wird sich allerdings verlangsamen. Für die nächsten drei bis fünf Jahre wird von einem Wachstum von 3 Prozent ausgegangen, verglichen mit 8 Prozent in der Zeitspanne vor dem Ausbruch von COVID-19.[2] Auf globaler Ebene brachte die Pandemie aber auch einige Vorteile, da die Fans mehr Medieninhalte konsumierten und die digitale Transformation beschleunigt wurde. Die USA stellen gefolgt von Westeuropa den grössten Markt dar. Der Asiatisch-Pazifische Raum und der Mittlere Osten werden den Prognosen zufolge am schnellsten wachsen. Der finanzielle Einfluss der grossen Sportorganisationen ist immens. Manchester United und Manchester City tragen schätzungsweise 330 Millionen britische Pfund pro Jahr zur Wirtschaftsleistung ihrer Stadt bei. In den USA sind die Dallas Cowboys seit vier Jahren die wertvollste Sportfranchise der Welt. Ihr Wert von rund 5 Milliarden US-Dollar entspricht in etwa dem BIP von Jamaika.[3]

Ein langer Weg zu modernen Verbandsstrukturen

Die heutige Sportlandschaft mag ein kommerzielles Zugpferd sein, aber die Beziehung zwischen Geschäft und physischem Wettbewerb hat sich im Lauf der Geschichte verändert. Die antiken griechischen Olympischen Spiele hatten nicht Profitgenerierung zum Ziel, sondern waren als religiöses Fest konzipiert. Die Veranstaltungen dienten dem nationalen Zusammenhalt, was aufgrund der geografischen Zerstreutheit der antiken Griechen wichtig war. Das Glücksspiel (obwohl illegal) war weitverbreitet und die 50 000 Zuschauer, die nach Olympia geströmt sein sollen, bescherten den örtlichen Tavernen, Händlern und Prostituierten einen Umsatzschub.[4] Als die Spiele Jahrhunderte später von den alten Römern übernommen wurden, dienten sie der staatlichen Machtdemonstration und repräsentierten das Wohlwollen der Herrscher. Unter dem System der «Munera» trugen wohlhabende Bürger die Kosten der Spiele, was oftmals zum finanziellen Ruin dieser antiken Sponsoren führte. In dieser Epoche stammten die meisten Teilnehmer aus den oberen Gesellschaftsschichten. Die unteren Klassen mussten sich demnach nach spendablen Gönnern umsehen.[5]

Im Mittelalter wurde dieses elitäre System aufrechterhalten und militaristische Sportanlässe wie Ritterturniere waren für die Armen noch weniger zugänglich. Erst mit der industriellen Revolution in Nordeuropa konnten immer mehr Menschen den Sport als Freizeitbeschäftigung ausüben. Die steigenden Teilnehmerzahlen ermöglichten es, den Fussball-, Kricket- und Rugbyspielern bescheidene Gehälter zu bezahlen. Doch das Aufkommen der modernen Massenmedien veränderte die Sportlandschaft grundlegend. Radio und Fernsehen steigerten die Reichweite, Attraktivität und letztlich den kommerziellen Wert einiger Sportarten. Die neuen Kanäle boten Unternehmen die Möglichkeit, ihre Bekanntheit durch Präsenz an Sportanlässen als Werbepartner und Sponsoren zu steigern. Die generierten Umsätze wurden zunehmend für die Breitensportentwicklung auf Jugend- und Amateurebene eingesetzt. Es entstanden komplexe und aufwendige Verbandsstrukturen mit vielfältigen Funktionen. Dazu gehörten der Aufbau und die Pflege der Sportinfrastruktur, die Ausbildung von Talenten sowie die Förderung von Integration und sozialem Zusammenhalt.

Neue Einnahmequellen erschliessen

Sponsoring ist nicht die einzige Überschneidung zwischen Sport und Wirtschaft. Sportwetten wurden (etwas vorhersehbar) zum lukrativen Geschäft für Buchmacher und digitale Plattformanbieter. Der globale Markt für Sportwetten wird bis 2024 einen Wert von 155 Milliarden US-Dollar erreichen, gegenüber 104 Milliarden US-Dollar im Jahr 2017.[6] Inzwischen stellt auch der Sporttourismus, ähnlich wie im antiken Griechenland, eine beträchtliche Einnahmequelle für Städte und Länder dar, die als Gastgeber von sportlichen Grossanlässen auftreten. Der Markt für Sporttourismus wurde vor der COVID-19-Pandemie auf einen Wert von 45 Milliarden US-Dollar geschätzt.[7] Darüber hinaus sind neue Influencer-Marketingkonzepte entstanden. Die Selbstvermarktung von Sportlern findet zunehmend über persönliche Kanäle auf sozialen Netzwerken statt. Die globalen Umsätze im Bereich des Influencer Marketing werden bis 2025 mit einer jährlichen Wachstumsrate von 26,8 Prozent auf 23 Milliarden US-Dollar ansteigen. Sport und Fitness werden voraussichtlich grosse Wachstumstreiber sein.[8]

Die Kommerzialisierung des Sports (wie sämtliche Formen der Kommerzialisierung) birgt offensichtlich auch Herausforderungen im Zusammenhang mit Gier. Beispiele für Ausbeutung gibt es genügend: Die College-Basketball-Liga der Männer, die NCAA, stand in der Kritik, weil sie sich weigerte, Spieler zu bezahlen, obwohl ihre jährlichen Werbeeinnahmen in die Milliarden gehen. Noch alarmierender ist der Anstieg von Korruption und Wirtschaftskriminalität im Sport. Sogar das FBI hat sich in den USA in den letzten Jahrzehnten vermehrt mit illegalen Sportwetten und organisierter Kriminalität beschäftigt. Während die Regulierung und Überwachung des Sektors Verbesserungspotenzial aufweisen, zeigt Mahomes Geschichte, dass die Branche auch in den 2020er-Jahren für Spieler, Manager, Agenten und Entscheidungsträger finanziell äusserst attraktiv bleiben wird. Die Sportwelt wird auch weiterhin dazu beitragen, dass globale Wertschöpfung und Wohlstand generiert werden.

QUELLEN

1. Forbes (2021): Kansas City Chiefs Are Primed To Be NFL's Next Dynasty, Because Patrick Mahomes Took Less
2. PwC (2020): PwC's Sports Survey 2020
3. Forbes (2021): World's Most Valuable Sports Teams 2021
4. Olympics (2021): A spectator's guide to the Ancient Olympic Games
5. Realm Of History (2020): Ancient Roman Gladiators: Origins and History
6. Zion Market Research (2019): Sports Betting Market by Platform, by Type, and by Sports Type: Global Industry Perspective, Comprehensive Analysis, and Forecast, 2017–2024
7. Sports Event and Tourism Association (2020): 2019 State of the Industry
8. Grand View Research Inc. (2020): Influencer Marketing Platform Market Size Worth $23.52 Billion by 2025

POLITIK UND SOFT POWER

Die Spannungen zwischen den USA und China sind nicht neu. Auch nach dem Ausbruch des Koreakriegs war das Verhältnis zwischen Washington und Peking 1950 zerrüttet. In der Folge wurde der diplomatische Austausch für 25 Jahre unterbrochen. Eine erste Annäherung entstand durch die Freundschaft zwischen Sportlern bei der Tischtennis-Weltmeisterschaft im japanischen Nagoya im Frühjahr 1971. Die Sichtbarkeit der Beziehung zwischen amerikanischen und chinesischen Tischtennisspielern ebnete schliesslich den Weg für die Regierungen, die einen diplomatischen Pakt unterzeichneten. Seither wurde die sogenannte Ping-Pong-Diplomatie bei zahlreichen Gelegenheiten eingesetzt, um Beziehungen zwischen Ländern zu verbessern.[1] Als eines der jüngsten Beispiele haben sich die Eishockeyspielerinnen von Nord- und Südkorea während der Olympischen Winterspiele 2018 zu einem vereinten Team zusammengeschlossen.[2]

Die Kunst der Sportdiplomatie

Die obigen Anekdoten veranschaulichen, dass Sport ein wichtiges Mittel zur Ausübung von Soft Power darstellt. Dabei dienen sportliche Leistungen den Staaten als geopolitisches Machtsignal. Darüber hinaus ist Soft Power äusserst effektiv, um Vertrauen zwischen (verfeindeten) Nationen aufzubauen. Es gibt vier Hauptstränge:[3]

1 **Identitätsbildung**
   Die Propagierung einer nationalen Identität wird durch Uniformen, Flaggen, Inszenierung, Maskottchen, Teamrituale, das Verhalten von Sportlern und Fans sowie die Ausrichtung von Sportveranstaltungen ausgedrückt.

2 **Dialogplattform**
   Die Art und Weise, wie internationale Sportveranstaltungen geografisch verteilte Menschen zusammenbringen: Verbände, Ausrichter und Organisationskomitees etablieren Protokolle, Regeln und letztlich Konsens. Wettbewerbe erfordern und fördern friedlichen kulturellen Austausch.

Warum wir Sport brauchen

3   **Vertrauensaufbau**
    Die Teilnahme an einem sportlichen Wettkampf mit festgelegten Regeln und gegenseitiger Akzeptanz des Fair Play schafft Einigkeit und verändert die individuelle Wahrnehmung des politischen Kontrahenten.

4   **Aussöhnung**
    Sport ist ein Mittel, um eine gleichberechtigte, gerechte und egalitäre Gesellschaft zu etablieren: Dies führt zu sozialpolitischen Bewegungen gegen Rassismus, Sexismus und Vorurteilen.

Seit seinen Anfängen ist der Sport ein wichtiges politisches und diplomatisches Instrument. Ein frühes Beispiel dafür, wie Sport in die Staatsführung einfliessen kann, stammt von den antiken Olympischen Spielen. Die Tradition des olympischen Friedens geht auf das Jahr 776 v. Chr. zurück. Damals legten kriegerische Stadtstaaten die Waffen nieder, damit Scharen von Griechen sicher in die Gastgeberstadt Elis reisen konnten.[4] Im 20. Jahrhundert entwickelten sich Sportereignisse zu einem wirksamen Mittel zur Demonstration von politischer und ideologischer Macht. Die Athleten waren dabei die Speerspitze eines prosperierenden Systems. Ein gutes Beispiel dafür ist die Rivalität zwischen den USA und der Sowjetunion an den Olympischen Spielen 1952 in Helsinki. Im Gegensatz dazu wurde das Team USA vor den Olympischen Spielen in London 1948 dazu angehalten, nicht das maximale Leistungsniveau abzurufen, um die europäischen Gegner nicht zu blamieren. Sportlich waren diese noch zu sehr von den Auswirkungen des Zweiten Weltkriegs geschwächt.

Das vereinte koreanische Eishockeyteam der Frauen repräsentierte eine politische Annäherung zwischen Nord- und Südkorea.

Die politische Dimension heute

Da die globalen Gesellschaften immer komplexer werden, sind die Verflechtungen von Sport, Diplomatie und Soft Power immer unschärfer und schwieriger zu erkennen. Ein wichtiger Trend ist jedoch die politisch motivierte Sportförderung. Insbesondere Staaten, die von Ressourcenreichtum oder Wirtschaftsbooms profitieren, jedoch noch keine ausgeprägte Sportkultur haben, versuchen sich durch Sponsoring etablierter Profimannschaften und die Ausrichtung von Grossereignissen als Sportnationen zu profilieren.

Verschiedene Länder machten den Sport zu einem Eckpfeiler ihrer internationalen Marketingstrategien. In der Folge kauften sie Mehrheitsanteile an grossen Sportorganisationen oder sicherten sich die Rechte zur Austragung grosser Sportgrossereignisse wie der FIFA Fussball-Weltmeisterschaft oder der Olympischen Spiele. Man kann argumentieren, dass ähnlich wie im alten Rom der Sport dazu benutzt wird, die Aufmerksamkeit von einem illiberalen politischen System und sozialer Ungleichheit abzulenken. Brasilien wollte mit der Doppelaustragung der Olympischen Spiele und der FIFA Fussball-Weltmeisterschaft innerhalb von zwei Jahren (2014 und 2016) seine Reputation stärken. Doch die positive Berichterstattung rund um die Events wurde durch zahlreiche Ermittlungen wegen Bestechung und Betrug überschattet. Das Ergebnis war eine erhebliche Sensibilisierung für die Probleme des Lands und die gebrochenen Versprechen der Regierung. Gleichzeitig stehen westliche Demokratien vor der Herausforderung, die Zustimmung innerhalb der Bevölkerung für die Ausrichtung von Sportgrossereignissen zu erhalten.

Wie diese Beispiele zeigen, war der Sport schon immer politisch. Aber noch nie in der Geschichte waren die Sportler selbst so politisiert wie heute. Einer der Wegbereiter für die Verbindung von Sport und Politik war der grosse Boxer Muhammad Ali, der sich bekanntlich weigerte, im Vietnamkrieg zu kämpfen, was ihm eine Gefängnisstrafe und ein Berufsverbot einbrachte. Die Digitalisierung erleichtert es Sportlern heute, sich für bestimmte Anliegen einzusetzen. Sportartikelhersteller wie Nike haben Aktivismus (gegen Rassismus, Sexismus und Elitedenken im Sport) zu einem wichtigen Bestandteil ihrer Markenstrategien gemacht.

Aktuelle und historische Beispiele zeigen, dass der Einsatz von Sport als Mittel für Soft Power und Diplomatie komplex und vielschichtig ist. Häufig werden politische Krisen und Machtkämpfe auf sportliche Wettbewerbe übertragen. Dies gilt insbesondere, wenn Sport von politischen Entscheidungsträgern mit unlauteren Absichten instrumentalisiert wird.

QUELLEN

1. Mayumi Itoh (2011): The Origin of Ping-Pong Diplomacy
2. The Guardian (2019): When the North and South Korean hockey teams met for the first time
3. International Area Studies Review (2013): Soft power at home and abroad: Sport diplomacy, politics and peace-building
4. Britannica (2021): Elis, Ancient city-state, Greece

SOZIALE UND ÖKONOMISCHE ENTWICKLUNG

Die libanesische Marathonläuferin May El Khalil trainierte 2001 in Beirut für ein Rennen, als sie von einem Bus angefahren wurde. Die Verletzungen waren schwerwiegend – El Khalil fiel ins Koma. Sie erholte sich zwar, musste aber in den folgenden zwei Jahren wieder lernen zu laufen. Auf ihrem Krankenhausbett kam El Khalil der Gedanke, dass der Libanon – eine tief gespaltene Nation mit einer konfliktbeladenen Geschichte – von einem verbindenden Sportereignis profitieren würde: Der Beirut Marathon war geboren. Seit dem ersten Rennen im Jahr 2003 hat sich die Veranstaltung zu einem wichtigen Treiber der sozialen Entwicklung des Lands entwickelt. Eine inklusive Laufsportkultur konnte sich etablieren.[1]

Obwohl das Potenzial des Sports für den sozialen Wandel weithin anerkannt ist, bleibt der Effekt schwer messbar. Der Beirut Marathon spendet 25 Prozent seiner Startgelder für wohltätige Zwecke. Doch die wahre Wirkung dieser Veranstaltung ist schwieriger nachzuvollziehen. Laufsportklubs für Jugendliche, Trainingskurse für Menschen mit besonderen Bedürfnissen und Programme zur Inklusion benachteiligter Gruppen tragen unbestritten zur sozialen Entwicklung bei. Aber die vielleicht bedeutendste Qualität liegt in der Natur des Rennens selbst: 48 000 Menschen mit gegensätzlichen politischen und ideologischen Ansichten schauen über ihre Differenzen hinweg, um an einem Tag im Jahr gemeinsam zu laufen.

Soziale Entwicklung durch Sport

Sport kann zu einer Steigerung der Lebensqualität und Verbesserung der wirtschaftlichen Verhältnisse beitragen. Darüber hinaus ermöglicht er persönliches Wohlergehen und ermutigt wegweisende Lebensentscheidungen. Im Bildungswesen werden weltweit Sportprogramme mit den oben genannten Zielen umgesetzt. Es wird davon ausgegangen, dass Sportunterricht die akademische Leistung verbessert. Lektionen in Bereichen wie Kognition und Teamarbeit werden zuerst auf dem Feld vermittelt, bevor sie im Klassenzimmer gelehrt werden.[2] Doch dieser Zusammenhang besteht nicht immer. In den USA ist die College-Sportbeteiligung in den letzten Jahren zwar gestiegen, doch im Vergleich zu anderen Ländern sind die akademischen Leistungen gesunken. Dennoch ist die Ansicht weitverbreitet, dass Sport die zwischenmenschlichen Fähigkeiten verbessert und junge Menschen dabei unterstützt, harmonisch miteinander zu leben. Die WHO geht davon aus, dass regelmässige körperliche Aktivität die Ausdrucksfähigkeit, das Selbstvertrauen und die Integration von jungen Menschen fördert. Gleichzeitig grenzt Sport die Ausbreitung schlechter Gewohnheiten wie Rauchen und Drogenmissbrauch ein. Doch das vollständige Bild ist komplex und nuanciert: Bei gewissen Jugendlichen verringert der Sport die Wahrscheinlichkeit von Straftaten, indem er sie lehrt, sich an eine Struktur, Spielregeln und Fairplay zu halten. Bei anderen regt er zu Konkurrenzdenken und unmoralischem Verhalten wie Betrug, absichtlichen Verletzungen oder Einnahme von leistungssteigernden Substanzen an.[3]

Institutionalisierung der Sporthilfe

In den letzten Jahrzehnten nutzen insbesondere Nichtregierungsorganisationen (NGOs) und öffentliche Institutionen den Sport als Mittel zur Verbesserung der Lebensbedingungen. UNICEF hat allen voran globale Sportinitiativen zur Linderung tiefgreifender sozialer Probleme lanciert. Ihre Wirkung ist enorm:[4] Die Organisation fördert Kindersportklubs in El Salvador, die eine Alternative zur weitverbreiteten Strassenkriminalität bieten; sie bildet Partnerschaften

UNICEF nutzt Fussball für die soziale Entwicklung und als Mittel zur Förderung der Inklusion von Kindern mit Behinderungen.

Warum wir Sport brauchen

mit nationalen Regierungen in der vom Krieg gezeichneten Ostukraine, um Kinder über die Gefahren von Landminen aufzuklären und Schulen wieder aufzubauen; und sie fördert in Kuba die Inklusion von behinderten Kindern durch Fussball. Die Regierungen werden unterdessen immer effizienter darin, Sport für internationale Entwicklungszwecke zu nutzen. Die EU anerkennt Sport als einen Eckpfeiler ihrer Entwicklungsstrategie und kündigte 2018 die Initiative «SportHub» an: eine Allianz für regionale Entwicklung in Europa (SHARE).[5] Sie unterstützt Mitgliedstaaten bei der Nutzung von Sport in den Bereichen Stadtplanung, Tourismus, sozialer Zusammenhalt, Innovation und öffentliche Gesundheit. Doch es gibt nicht nur positive Seiten: Organisationen, die Sport für soziale Entwicklung nutzen, kämpfen oftmals mit Finanzierungsproblemen. Dabei geben die Geldgeber enge Leitplanken und ambitionierte Ziele vor.

Soziale Mobilität durch professionellen Sport

Sport hat auch als Wirtschaftszweig einen bedeutenden Anteil an der sozialen und ökonomischen Entwicklung. Als Arbeitgeber beschäftigt der Sportsektor einen grossen Teil der Weltbevölkerung. Im Jahr 2018 verdienten rund 356 000 Menschen ihren Lebensunterhalt in der britischen Sportindustrie.[6] In der EU arbeiteten im selben Jahr 1,7 Millionen Menschen im Sport.[7] Sport ermöglicht vielen Menschen eine bessere Bildung und fördert dadurch die soziale Mobilität. Bei südafrikanischen Fussballerinnen wurden beispielsweise steigende Bildungschancen abseits des Spielfelds festgestellt.[8] In den USA ermöglicht das Bildungssystem jungen Sportlern basierend auf ihren sportlichen Leistungen den Besuch von renommierten Ivy-League-Colleges. Darüber hinaus liefern Stipendien eine Anschubfinanzierung. Ein zu starker Fokus auf sportliche Ambitionen birgt jedoch die Gefahr, dass schulische Leistungen darunter leiden.[9]

Viele Biografen erzählen die Geschichten von Sportstars, die aus dem Nichts kamen: Mike Tyson, Serena Williams, Novak Đoković und Pelé entstammen extremer Armut, haben es aber an die Spitze ihrer jeweiligen Sportarten geschafft und dabei ein Vermögen verdient. Diese Schicksale sind Antrieb für unzählige hoffnungsvolle Sportler, die ihre Lebensumstände verbessern wollen. Während die soziale Entwicklung – zunehmender Wohlstand, bessere mentale Gesundheit, ein stärkeres Gemeinschaftsgefühl – in vielen Regionen, Ländern und Städten nur langsam voranschreitet, bietet der Sport eine reelle Chance, diese Ziele zu erreichen. Wie El Khalil in ihrem TED-Talk betonte, sind Geduld und Weitsicht entscheidend: «Friedensarbeit ist kein Sprint, sondern ein Marathon.»[10]

QUELLEN

1. Beirut Marathon Association (2021): President Profile
2. Research Papers in Education (2009): The educational benefits claimed for physical education and school sport: An academic review
3. Journal of Youth and Adolescence (2016): Sports Participation and Juvenile Delinquency: A Meta-Analytic Review
4. UNICEF (2018): Preventing violence through sport in El Salvador
5. European Commission (2018): SHARE Initiative
6. Sport England (2019): The Sports Workforce – An analysis of the people who work in the sports industry
7. Eurostat (2019): Employment in Sport
8. Taylor and Francis (2015): Women's sport participation and gender equality: African women in the beautiful game
9. Harvard Political Review (2013): Sports vs. Education: A False Choice, Harvard Political Review
10. TED (2013): Making peace is a marathon: May El-Khalil at TEDGlobal 2013

NATUR *UND* UMWELT

Die Urbanisierung hat weltweit Milliarden von Menschen Zugang zu höheren Einkommen, besseren medizinischen Einrichtungen und einer grösseren Auswahl an Lebensoptionen ermöglicht. Aber einige Orte sind erfolgreicher als andere darin, den Bewohnern ein vielversprechendes Stadtleben zu offerieren und gleichzeitig die Probleme einzudämmen, die sich aus einer extremen Bevölkerungsdichte mit 14 550 oder sogar 73 000 Menschen pro Quadratmeile (London und Mumbai) ergeben.[1] Es gibt immer mehr Hinweise darauf, dass die Bevölkerung psychisch unter einer fehlenden Nähe zur Natur leidet. Grünflächen sind zu einer Priorität für Stadtplaner geworden. Gleichzeitig sind Ausflüge in Wälder und Berge, an Seen und Küsten zur Ausübung von sportlichen Aktivitäten ein Weg, um die natürliche Umwelt wertzuschätzen und einem Übermass an Smog, Beton und künstlichem Licht zu entfliehen.

Die Wiederentdeckung der Natur

Doch die Begrünung von Verkehrsinseln, die Bepflanzung von Mauern oder öffentliche Aufforderungen zu gelegentlichen Ausflügen in die Natur (wie in Japan mit dem «Mountain-Day-Feiertag») kompensieren das menschliche Naturdefizit nicht ausreichend. Es besteht die Gefahr, dass Stadtbewohner sowohl in den Zentren als auch in den Agglomerationen die Fähigkeit verlieren, die Natur zu schätzen und von ihr zu profitieren. Die Interaktion mit der natürlichen Umgebung nimmt von Generation zu Generation ab. Dadurch entsteht auch die Sorge, dass sich der Mensch auf Dauer immer weniger um sie kümmern wird. Das abnehmende Interesse an der Natur ist schwer zu messen, lässt sich aber daran ablesen, dass Naturreferenzen in der englischen Literatur, in englischen Filmen und Liedtexten seit den 1950er-Jahren stetig abnehmen.[2] Doch das Eintauchen in die natürliche Umgebung – selbst für 20 Minuten in einem Stadtpark – bringt nachweislich erhebliche gesundheitliche Vorteile. Dieser Nutzen wird verstärkt, sobald der Besuch einer unberührten, abgelegenen Umgebung mit sportlicher Aktivität kombiniert wird. Von Mountainbiking und Skilanglauf bis hin zur Besteigung eines Eiswasserfalls: Diese Arten von körperlicher Aktivität in der Natur sind gut für die Gesundheit und ziehen eine Vielzahl von Enthusiasten an.[3]

Ein ewiger Wettstreit

Wie kann Sport in der Natur dazu genutzt werden, ein besseres Leben zu führen und die natürliche Umwelt wertzuschätzen? Die menschliche Beziehung zur Natur ist kompliziert. Die aktuelle Ära wird auch als Anthropozän bezeichnet und beschreibt das geologische Zeitalter, in dem der Mensch den dominierenden Einfluss auf die Erde ausübt. Die menschliche Interdependenz mit der natürlichen Welt ist damit Gegenstand einer wissenschaftsphilosophischen Diskussion. Traditionelle Narrative sehen die Menschheit in einem Konflikt mit der Natur. Der Mensch bekämpft und beugt sich der Natur, um zu überleben (man denke beispielsweise an Hemingways «Der alte Mann und das Meer»).

Es ist diese Sichtweise, die der Interaktion mit der freien Natur einen belebenden Charakter verleiht. Surfen, Skilanglauf und Bergsteigen lassen sich am besten als Sportarten beschreiben, bei denen Sportler dynamisch mit der Natur interagieren und nicht zwingend mit anderen Menschen konkurrieren (obwohl die beiden Dimensionen natürlich kombiniert werden können). Ein ausgeprägtes Beispiel für den Wettstreit des Menschen mit der Natur ist die Alpinismus-Bewegung, die im Zeitalter der Aufklärung und Romantik entstand. Damals verführten Gipfel wie der Mont Blanc Menschen mit Abenteuerlust und Schwindelfreiheit. Heutzutage repräsentieren Anlässe

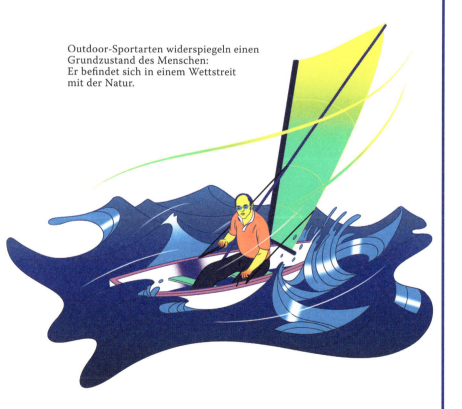

Outdoor-Sportarten widerspiegeln einen Grundzustand des Menschen:
Er befindet sich in einem Wettstreit mit der Natur.

wie die Ironman-Weltmeisterschaften auf Hawaii eine moderne Version des Kampfs mit sich selbst und mit der Natur. Es entstand das weitverbreitete Missverständnis, dass extreme Outdoor-Sportler der Natur keinen Respekt entgegenbringen. Ein Beispiel sind die Kulturkriege, die wegen der Besteigung des Uluru – eines heiligen Bergs der Aborigines in Australien – ausbrachen. Doch in den meisten Fällen ist dies eine Fehlinterpretation. Die Forschung zeigt, dass Extremsportler den Orten, an denen sie surfen oder klettern, mit Ehrfurcht und begeisterter Wertschätzung begegnen.[4]

Anzeichen eines Teufelskreises

Doch während diejenigen, die Extremsportarten in der Natur betreiben, von ihrer Erhabenheit beeindruckt sein mögen, schadet die Anwesenheit der Sportler diesen Orten. CO_2-Emissionen, Bodenverdichtung und der Bau von Infrastruktur schaffen auch Probleme. Während der Massentourismus eine Wertschätzung der Natur fördert, entstehen Konflikte, wenn Sportler die Orte überbeanspruchen oder gar verschmutzen. Derweil bedrohen die Auswirkungen des Klimawandels die Existenz vieler Sportarten. Die Organisation Protect Our Winters (POW) hat den wirtschaftlichen Schaden des Klimawandels auf die US-Schneesportindustrie beziffert. Weniger Schneefall und geringere Besucherzahlen könnten im Vergleich zu einer bisherigen durchschnittlichen Saison Einnahmeausfälle von einer Milliarde US-Dollar und einen Verlust von 17 400 Arbeitsplätzen bedeuten.[5]

Sensibilisierung für Nachhaltigkeit

Exzessives Ausüben von Outdoor-Sportarten schadet der Umwelt. Doch eine angemessene Regulierung und die Einführung und Umsetzung umweltfreundlicher Standards – vom Base-Jumping bis hin zum Tauchen – können zum Umweltschutz und zu einer angemessenen Wertschätzung der Natur beitragen. Darüber hinaus bieten die Reichweite und Beliebtheit von Zuschauersportarten eine Möglichkeit zur Förderung von Nachhaltigkeitspraktiken. Ein Beispiel dafür sind Verbote von Plastikverpackungen oder freiwillige Kompensationen von CO_2-Emissionen bei Sportveranstaltungen. Diese Praktiken lassen sich wiederum eng mit der Wirtschaft verknüpfen, da werbetreibende Unternehmen zunehmend auf umweltfreundliches Sponsoring setzen, um ihre Nachhaltigkeitskriterien zu erfüllen.

QUELLEN

1 World Population Review (2021): London Population 2021 / Mumbai Population 2021

2 Perspectives on Psychological Science (2017): A Growing Disconnection From Nature Is Evident in Cultural Products

3 International Journal of Environmental Research and Public Health (2019: Benefits of Outdoor Sports for Society. A Systematic Literature Review and Reflections on Evidence

4 Leisure/Loisir (2010): Developing an intimate «relationship» with nature through extreme sports participation

5 Protect our Winters (2020): How climate change will impact the snowsports industry

3 Ausblick auf morgen

DIE KÜNFTIGE SPORTLANDSCHAFT

Faktoren wie das Medienkonsumverhalten blieben jahrzehntelang stabil. Doch die fortschreitende Globalisierung und digitale Transformation brachten eine neue Dynamik in die internationale Sportlandschaft. Die höhere Komplexität erfordert eine langfristige Perspektive jenseits von olympischen Medaillenspiegeln und aktuellen Fitnesstrends.

Das folgende Kapitel skizziert deshalb die künftigen Rahmenbedingungen der Sportwelt auf zwei Ebenen. Zum einen verändern die aktuellen politischen, wirtschaftlichen, technologischen, gesellschaftlichen und ökologischen Entwicklungen den Zuschauersport. Zum anderen wirken sich die gleichen Veränderungen auch auf den Breitensport aus.

Die entstehenden Interdependenzen läuten ein neues Zeitalter des Sports ein, das nicht nur durch den ständigen Wandel der technologischen Ausrüstung und neue Konsumgewohnheiten, sondern auch durch die Neudefinition der gesellschaftlichen Rolle des Sports geprägt sein wird.

DIE KÜNFTIGE SPORTLANDSCHAFT

Globalisierte Sportmärkte und Machtverschiebung nach Osten 48

Virtualisierung des Sports und immersive Erlebnisse 51

Präzisionsmedizin und Human Enhancement im Sport 54

Zivilisationskrankheiten und steigendes Gesundheitsbewusstsein 57

Datenanalyse und Einsatz Künstlicher Intelligenz 60

Dezentralisierung und Erosion traditioneller Machtstrukturen 63

Sensibilisierung für Nachhaltigkeit und Werteorientierung 66

Ausblick auf morgen

GLOBALISIERTE SPORTMÄRKTE *UND* MACHTVERSCHIEBUNG NACH OSTEN

Die globale Vernetzung nimmt stetig zu. Fortschritte in Transport und Kommunikation erleichtern nicht nur den internationalen Handel mit Waren und Dienstleistungen, sondern auch den grenzüberschreitenden Austausch von Ideen und Kultur. Gleichzeitig werden das Bevölkerungswachstum und die fortschreitende Urbanisierung die globalen Strukturen von morgen prägen. Im Jahr 2050 werden fast 90 Prozent der Weltbevölkerung ausserhalb von Europa und Nordamerika leben.[1] Im Vergleich zu heute wohnen bis zu diesem Zeitpunkt zusätzlich 2,5 Milliarden Menschen in städtischen Gebieten – die meisten in Asien und Afrika.[2] Diese Entwicklungen haben weitreichende wirtschaftliche, soziale und politische Auswirkungen. Während neue Mittelschichten entstehen, der Zugang zu Bildung und Kommunikationstechnologie verbessert wird und sich wirtschaftliche Chancen ergeben, gibt es auch Strömungen, die einer grenzüberschreitenden Integration entgegenlaufen. Nationaler Protektionismus, Handelskriege und Gegentrends in Form von Regionalisierung sind auf dem Vormarsch und weisen in die entgegengesetzte Richtung der Globalisierung.

Gleichzeitig stellt das Wiedererstarken Chinas als globale Supermacht die Idee einer multipolaren Weltordnung infrage. In der Folge zeichnet sich ein wirtschaftlicher, technologischer und politischer Gegenpol zu den USA ab. Das Reich der Mitte wird voraussichtlich eine führende Rolle im Bereich Umwelttechnik und KI übernehmen und durch seinen riesigen Binnenmarkt mit steigender Kaufkraft einen zunehmenden Einfluss ausüben.

Darüber hinaus sind viele Volkswirtschaften rund um den Globus auf Waren und Dienstleistungen aus China angewiesen. Der Wert chinesischer Exporte beläuft sich auf mehr als 2000 Milliarden US-Dollar, was die Volksrepublik nicht nur zum grössten Exporteur, sondern auch zum Initiator zahlreicher Süd-Süd-Kooperationen macht.[3] Diese Abkommen basieren auf globalen Investitionen in Infrastrukturprojekte und Akquisitionen von Organisationen, die über Schlüsseltechnologien verfügen.

Neben dem grossen wirtschaftlichen Potenzial für öffentliche und private Institutionen rund um den Globus könnte eine zunehmend bipolare Weltordnung auch zu mehr Spannungen führen. Divergierende wirtschaftliche, politische und technologische Sphären werden die künftige bipolare Weltordnung charakterisieren. Im Extremfall wird eine Aufrechterhaltung von Handels- und Geschäftsbeziehungen mit beiden Supermächten aufgrund von gegenläufigen Machtinteressen nicht möglich sein.

Steigende Nachfrage mit neuen Interdependenzen

Das Bevölkerungswachstum und die wirtschaftliche Entwicklung in Asien und Afrika werden künftig die Entstehung globaler Sportmärkte fördern. Dadurch entstehen beispielsweise für professionelle Fussball- und Basketball-Ligen, Sportgrossanlässe und Klubs lukrative Geschäftsmöglichkeiten. Gleichzeitig werden neue Mittelschichten den Sporteinzelhandel ankurbeln und die Nachfrage nach Sportgeräten und -artikeln antreiben. Eine zentrale Herausforderung bei der künftigen Globalisierung der Sportmärkte ist der Umgang mit vielfältigeren und teilweise widersprüchlichen Konsumentenerwartungen in den neuen Märkten. Die lokalen wirtschaftlichen, kulturellen, sozialen und politischen Anforderungen sind höchst unterschiedlich. Die Erschliessung ausländischer Märkte erfordert beispielsweise die Überwindung von Sprachbarrieren. Dies bedeutet, dass Botschaften von Sponsoren zunehmend in chinesischen Schriftzeichen statt in Englisch oder Spanisch verbreitet werden. Dies ist bereits bei einigen Trikots der Premier League Teams und Stadionwerbungen bei europäischen Events der Fall.[4]

Die Berücksichtigung lokaler Normen hinsichtlich kultureller, religiöser oder politischer Gegebenheiten führt zu Restriktionen wie dem Werbeverbot für Sportwetten in bestimmten muslimischen Ländern oder in Bezug auf politische Aussagen zu China.[5] Nachdem ein Manager des Basketballteams Houston Rockets per Twitter seine Unterstützung der prodemokratischen Bewegung in Hongkong zum Ausdruck brachte, wurde eine Veranstaltung der NBA in Schanghai abgesagt und Rockets-Fanartikel wurden aus den chinesischen Online-Shops entfernt.[6]

Organisatoren von Sportveranstaltungen, Vereine, Sportler und Sponsoren stellen sich schnell auf neue Marktanforderungen ein. Die Reichweite kann beispielsweise durch internationale Marketingkampagnen, eine zeitzonenoptimierte Ansetzung von Sportevents oder globale Merchandising-Touren vergrössert werden. Während die NFL in den USA bereits seit über einem Jahrzehnt Spiele in zwei Londoner Stadien austrägt, werden Wettbewerbe ausserhalb von Heimatmärkten in Zukunft weiter zunehmen, um die globale Fanbasis zu erweitern.[7] Darüber hinaus ist ein Popularitätsschub von Breitensport wie Laufen, Triathlon und Radfahren in Asien, Afrika, dem Nahen Osten und Lateinamerika zu erwarten.

Die zunehmende Urbanisierung wird das Bedürfnis der breiten Öffentlichkeit nach Sport in der freien Natur und körperlicher Betätigung als Alltagsausgleich erhöhen. In dicht besiedelten Regionen werden Luftverschmutzung und ein Mangel an öffentlicher Sportinfrastruktur zu grossen Herausforderungen führen. Die Machtverschiebung nach Osten führt innerhalb des globalen Sport-Ökosystems auch zu Finanzströmen in zwei entgegengesetzte Richtungen. Der Wert des chinesischen Geschäftszweigs der NBA ist beispielsweise auf 5 Milliarden US-Dollar angewachsen.[8] Auf der anderen Seite gibt es in den USA und in Europa einen steigenden Einfluss durch Investitionen aus Asien und dem Nahen Osten. Diese finanziellen Interdependenzen werden hauptsächlich durch gross angelegte Sponsorenverträge und Kapitalbeteiligungen an Fussballvereinen wie Atlético de Madrid, Inter Mailand oder Paris Saint-Germain ersichtlich. Der Aufstieg Chinas wird sich in Zukunft vor allem in traditionell westlich dominierten Sportarten manifestieren. So hat die chinesische Regierung einen Plan vorgestellt, um bis zum Jahr 2050 eine globale Fussball-Supermacht zu werden und 50 Millionen Kinder und Erwachsene zum aktiven Fussballspielen zu animieren.[9] Darüber hinaus wird der asiatische Export von aufstrebenden Sportarten, beispielsweise im Bereich E-Sport, weiterhin zur Internationalisierung der Sportmärkte beitragen, was letztlich die Komplexität und die Interdependenzen des globalen Sport-Ökosystems erhöhen wird.

QUELLEN

[1] United Nations (2015): UN Population 2030

[2] United Nations (2018): World Urbanization Prospects

[3] World Economic Forum (2018): These are the world's biggest exporters

[4] Premier League (2019): Premier League kits for the 2019/20 season

[5] Dubai.com (2020): Dubai's Take on Sports Betting

[6] BBC (2019): Daryl Morey backtracks after Hong Kong tweet causes Chinese backlash

[7] NFL (2020): London Games

[8] Bloomberg (2019): NBA China Woes Threaten Billions of Dollars, Decades' Work

[9] BBC (2016): China aims to become soccer superpower 'by 2050'

VIRTUALISIERUNG DES SPORTS *UND* IMMERSIVE ERLEBNISSE

Virtualisierte Lebenswelten sind kein neues Phänomen. Die Virtualisierung beschreibt zunächst einmal die Darstellung und gleichzeitige Wahrnehmung der physischen Realität und hat sich im 20. Jahrhundert bereits in Form von Radiosendungen, Telefongesprächen, Fernsehausstrahlungen und Computern etabliert. Doch mehr Rechenleistung, bessere Datenverfügbarkeit, digitale Plattformen und die Massenproduktion von vernetzten Endgeräten treiben die Virtualisierung auf drei Ebenen voran. Erstens breitet sich der Konsum von digitalen Inhalten immer mehr aus, da Smartphones einen ständigen Zugang zur virtuellen Welt ermöglichen. Zweitens finden die dezentrale Erstellung und Vermarktung von Produkten und Dienstleistungen zunehmend virtuell statt. Digitale Plattformen erlauben es, grafische Designs, Medieninhalte oder Websites ohne komplexe physische Infrastruktur zu erzeugen. Auch soziale Interaktionen verlagern sich dank Online-Messaging, Videotelefonie und sozialer Medien immer mehr in die Virtualität.

Diese drei virtuellen Sphären sind für einen Grossteil der 6 Stunden und 42 Minuten verantwortlich, die ein Durchschnittsmensch heute täglich online verbringt.[1] Die globale COVID-19-Pandemie hat den Trend zur Nutzung virtueller Umgebungen und Interaktionen weiterhin beschleunigt.[2] Eine der grössten Einschränkungen ist jedoch die unzureichende Replikation von realen Lebenssituationen, wie beispielsweise Interaktionen mit Familienmitgliedern, Freunden oder Arbeitskollegen. Diese Limitation gilt auch bei kulturellen Ereignissen wie Konzerten, Ausstellungen und Darbietungen, die auf die Intimität von physischen Räumen angewiesen sind.[3]

Virtuelle Konsumerlebnisse werden durch Fortschritte in VR und Augmented Reality (AR) dreidimensionaler und immersiver. Während AR-Anwendungen die menschliche Wahrnehmung zunehmend durch computergenerierte Informationen erweitern und verändern, schafft VR völlig neue Realitäten in Massenmärkten wie Videospielen, Live-Übertragungen, Navigation, Bildung oder Sexualität. Künftige VR-Anwendungen werden nutzerfreundlicher – zum Beispiel durch VR-Linsen – und übertragen die heute eher statischen Interaktionen auf sozialen Medien in einen dreidimensionalen Raum. VR der nächsten Generation könnte auch neue Erfahrungs-

Ausblick auf morgen

dimensionen wie Düfte und haptisches Feedback abbilden, um Berührungen und Umweltbedingungen wie Wind oder Regen zu simulieren. Während die VR-Nutzung zunehmen wird, wird sie jedoch die Komplexität realer Erfahrungen längerfristig nicht vollständig nachbilden können.

Sport in der virtuellen Welt

Die Virtualisierung des Sports ist bereits in vollem Gang. VR-Ausrüstung, sensorgesteuerte Geräte und intelligente Kameras ermöglichen die Virtualisierung von physischen Sportarten wie Radfahren, Fitness oder Tanzen. Wettkämpfe und Trainings können von der analogen Welt in die digitale Sphäre übertragen werden, indem das Geschehen virtuell simuliert wird. In einigen Sportarten wie dem Radsport wurden Wettbewerbe wie die Tour de Suisse aufgrund der COVID-19-Pandemie bereits auf diese Art ausgetragen.[4] Während die Originalstrecke und die lokale Steigung repliziert wurden, traten die Profisportler aus der Ferne an. Bei Ballsportarten wie Basketball und Fussball virtualisieren Start-ups Trainingsübungen durch den Einsatz von Sensoren, die am Körper von Sportlern befestigt werden. Dadurch können Spielzüge von Gegnern simuliert werden, um eine Verbesserung der Reaktionszeiten zu erreichen oder taktische Automatismen einzuüben.[5] Auch Fitness-Workouts setzen zunehmend auf VR-Technologien, um körperliche Trainings mit Coaching-Anweisungen, Unterhaltungselementen oder Gamification zu ergänzen. Doch es gibt auch Limitationen bei der Virtualisierung von physischen Sportwettkämpfen. Komplexität entsteht insbesondere bei der Nachbildung von Körperkontakt wie Kopfballduellen im Fussball, Bandenchecks im Eishockey oder im Ringen bzw. Schlagen im Kampfsport.

Neben der Virtualisierung von analogen Sportarten entwickelt sich der E-Sport als eigenständige Disziplin: Durch den Einsatz von Videospielen auf Computern, Spielkonsolen oder Smartphones entstehen sportliche Wettkämpfe mit minimaler körperlicher Aktivität. Die Spieleindustrie wird allein in Asien bis Ende 2021 174 Milliarden US-Dollar wert sein.[6] Dies geht mit einer weiteren Kommerzialisierung und Professionalisierung des E-Sports einher. Bisher wurde bereits eine Preisgeldsumme von über 850 Millionen US-Dollar verzeichnet, wovon der grösste Teil in der Zeitspanne zwischen 2010 und 2020 ausbezahlt wurde.[7] E-Sport-Communitys bilden zunehmend digitale Sphären für soziale Interaktionen und schaffen dadurch einen global verbundenen Kommunikations- und Handlungsraum. Traditionelle Sportverbände in Südkorea, China und den USA anerkennen E-Sport bereits als offizielle Sportarten.[8] Weitere Länder werden voraussichtlich bald folgen.

Darüber hinaus wird erwartet, dass E-Sport zunehmend als Vorbild für die traditionelle Sportlandschaft dient, wenn es um die Durchführung von Live-Events, die Entwicklung von Streaming-Plattformen, Partizipationsmöglichkeiten für Fans oder die Orchestrierung von Vermarktungsaktivitäten geht.

On-Demand-Streaming, soziale Medien und VR führen auch im Konsum von Sportinhalten zu radikalen Veränderungen. Online-Streaming hat sich im Vergleich zum herkömmlichen Fernsehen als wichtiger Kanal für eine Vielzahl von Sportarten wie Fussball, American Football, Basketball, Tennis und Boxen durchgesetzt. Fast 60 Prozent der Millennials in Europa konsumieren bereits Sportinhalte über digitale Streaming-Dienste.[9] Gleichzeitig werden Snippets – kurze Ausschnitte, Höhepunkte und Sequenzen – in den sozialen Medien zu einem wichtigen Werkzeug für die automatisierte Verbreitung von Sportinhalten. In Zukunft wird dadurch die Reichweite von digitalen Plattformen erhöht, der Konsum erfolgt jedoch zunehmend fragmentiert, was zu einem Verlust von Simultanität und gemeinschaftlichen Erlebnissen von Live-Sportanlässen führen könnte.

Künftige Sportinhalte und -formate werden sich an veränderte Konsumgewohnheiten und soziale Medien anpassen, indem sie beispielsweise kürzere Spielrunden einführen, Highlights in einer höheren Frequenz garantieren und den Zuschauern Interaktionsmöglichkeiten bieten. Darüber hinaus sind VR- und AR-Technologien in der Lage, immersive Sporterlebnisse virtuell zu simulieren. Sie werden allerdings erst dann Verbreitung finden, wenn die benötigte Hardware vorhanden ist und die VR-Übertragungsqualität verbessert wird. Weiterentwicklungen von bestehenden VR-basierten Sportangeboten, wie zum Beispiel die Partnerschaft zwischen der NBA und Oculus 10, werden ermöglichen, Nutzerperspektiven durch 360-Grad-Übertragungen zu personalisieren und damit den Sportkonsum und Fan-Engagement zu einem immersiveren Erlebnis zu machen.[10]

QUELLEN

1. The Next Web (2019): Digital trends 2019
2. Economist (2020): Remote work is here to stay
3. World Economic Forum (2020): User Behaviour, Preferences and Concerns
4. Tour de Suisse (2020): Weltpremiere – the digital Swiss 5
5. Forbes (2020): Sports Tech Comes Of Age With VR Training, Coaching Apps And Smart Gear
6. Statista (2020): Gaming industry in Asia Pacific – statistics & facts
7. esports Earnings (2021): Prize Money recorded
8. Forbes (2013): The U.S. Now Recognizes esports Players As Professional Athletes
9. PWC (2019): Sports industry: time to refocus?
10. Oculus (2021): Go Courtside in VR with NBA League Pass Games in Venues on Oculus Quest

PRÄZISIONSMEDIZIN *UND* HUMAN ENHANCEMENT IM SPORT

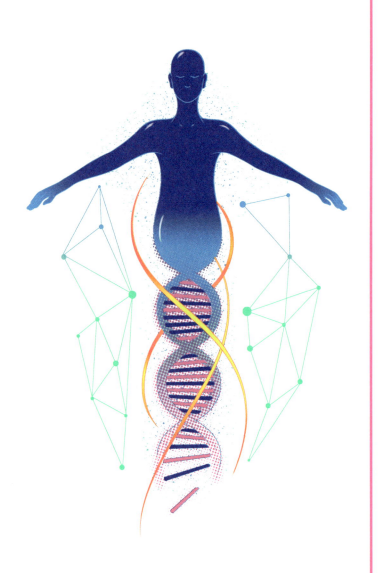

Fortschritte in der Diagnostik verbessern kontinuierlich das wissenschaftliche Verständnis der menschlichen Gesundheit. Dies ermöglicht eine genauere und tiefer gehende Analyse des gegenwärtigen und zukünftigen Gesundheitszustands von Individuen und eine realistischere Abschätzung des physischen und mentalen Leistungspotenzials. Genetische Verfahren wie DNA-Tests, neurowissenschaftliche Fortschritte, bildgebende Verfahren und Echtzeit-Generierung von Gesundheitsdaten durch Wearables helfen bei der Personalisierung von Behandlungen. Das Feld der Präzisionsmedizin nutzt die Fortschritte in der medizinischen Forschung und die zunehmende Verfügbarkeit von Gesundheitsdaten, um eine wachsende Zahl von Menschen individuell zu betreuen.[1]

Der Preis einer Genomsequenzierung ist beispielsweise auf unter 1000 US-Dollar gesunken und die Prozedur kann oft innerhalb eines Tages durchgeführt werden.[2] In Zukunft werden Techniken wie die Stammzellentherapie oder Genom-Editierung ein noch breiteres Spektrum für die Prävention und Behandlung von Krebs oder Erbkrankheiten bieten.

Im Gegensatz zur Präzisionsmedizin zielt Human Enhancement auf die Verbesserung der körperlichen oder geistigen Fähigkeiten durch die Modifikation nicht pathologischer Eigenschaften.[3] Genetische Leistungssteigerungen könnten gezielte Veränderungen der DNA-Sequenzen von Embryonen und Erwachsenen nutzen, um beispielsweise den Knochenbau oder die Muskelentwicklung zu verbessern. Andere Formen des Human Enhancement umfassen physische und mentale Optimierungen: Physische Leistungssteigerungen basieren auf Substanzen wie Blutdoping oder technischen Instrumenten wie Implantaten und Prothesen zur Verbesserung der körperlichen oder motorischen Fähigkeiten. Auf der anderen Seite optimieren mentale Enhancements – beispielsweise durch Medikamente wie Nootropika oder computergestützte Geräte – die Funktionen des zentralen Nervensystems, um kognitive Fähigkeiten in Bereichen wie Gedächtnis, Kreativität und Kommunikation zu verbessern. Während ethische Bedenken und rechtliche Fragen in Zukunft zunehmen, wird die jährliche Wachstumsrate im globalen Markt für Human Enhancements zwischen 2020 und 2025 auf 38 Prozent steigen.[4]

Medizinische Massnahmen entscheiden über Sieg und Niederlage

Präzisionssportmedizin setzt auf individualisierte Ansätze für die Prävention, Diagnose und Behandlung von Profi- und Amateursportlern. Dazu gehören verschiedene Teilgebiete wie Ernährung, Training, Regenerationsmethoden und Chirurgie. Untersuchungen an Profifussballspielern haben gezeigt, dass individualisierte Regenerationsansätze eine starke Ermüdung nach Spielen verhindern, das Leistungsniveau schneller wiederherstellen und das Verletzungsrisiko senken.[5] Ein aufstrebendes Feld ist dabei die Genetik und Genomik. Viele Prädispositionen von Athleten für bestimmte Verletzungen können dadurch frühzeitig erkannt werden. Entscheidungen über geeignete Behandlungsmethoden durch Chirurgie oder Pharmazeutika können ebenfalls optimiert werden. Ein Forschungsinteresse liegt in den Auswirkungen von Umweltfaktoren wie Stressbelastung, Ernährung, Schlaf und sozialen Interaktionen. Die Umgebung und der Lebensstil eines Sportlers haben einen starken Einfluss auf die Ausprägung und die Funktionen von Genen, was beispielsweise die langfristigen Auswirkungen von Verletzungen beeinflussen kann.[6] Eine der wichtigsten Konsequenzen der Präzisionsmedizin im Spitzensport wird neben der Optimierung des Leistungsniveaus darin bestehen, dass Athleten ihre Karrieren bis in ein höheres Alter fortsetzen können. Dies erweitert nicht nur Einkommensmöglichkeiten und langfristige Umsatzgenerierung von Profisportlern und Sportorganisationen, sondern erlaubt auch Amateur- und Freizeitathleten, in späteren Lebensabschnitten aktiv zu bleiben. Dies geht mit dem Risiko einer steigenden Ungleichheit einher. Wenn die Individualisierung von Prävention und Behandlung zu einem Wettbewerbsvorteil oder Privileg wird, wächst die Kluft zwischen wohlhabenden und finanziell limitierten Athleten.

Human Enhancement steigert das sportliche Leistungsniveau, indem Athleten schneller laufen, höher springen oder präziser schiessen. Wichtige Hebel sind Hightech-Materialien wie aquadynamische Schwimmanzüge oder energiesparende Schuhe mit Karbonsohlen, die einen klaren Wettbewerbsvorteil verschaffen. Zum anderen ermöglichen medizinische Eingriffe wie die LASIK-Augenoperation Golfchampions wie Tiger Woods ein perfektes Sehvermögen, während eine Ellbogenoperation Baseballspielern angeblich hilft, leistungsfähiger zu werden als vor der Behandlung.[7] In Zukunft werden genetische Enhancements die Ausdauer, Geschwindigkeit oder Kraft von Sportlern verbessern. Dies gilt auch für mentale Optimierungen, die kognitive Fähigkeiten in Bereichen wie Entscheidungsfindung und Reaktionszeit unterstützen. Die künftigen Entwicklungen des Human Enhancement könnten zur Anpassung von traditionellen Wettbewerbsformaten führen.

In bestimmten Fällen würde dies sogar zu einer Abspaltung von bestehenden Sportarten führen und neue Disziplinen kreieren. Mögliche Sportformate reichen von Sprintwettbewerben mit Karbonfaserprothesen bis hin zu nootropisch unterstützten Ballspielen in Hochgeschwindigkeit. Aber in den meisten Sportarten wird sich das Human Enhancement basierend auf inkrementell optimierten medizinischen und technologischen Verfahren eher schrittweise entwickeln.

Da die Bandbreite der möglichen Human Enhancements rasant wächst, werden Institutionen wie grosse Technologiekonzerne, Pharmaunternehmen, Hochschulen und MedTech-Start-ups in der künftigen Sportwelt an Bedeutung gewinnen. Verfahren und Innovationen, die das menschliche Leistungsniveau durch Präzisionssportmedizin sowie reproduktive, physische oder mentale Optimierungen steigern, werden Bedenken hinsichtlich des Fair Plays auslösen. In der Zukunft könnten Sportrechtehalter mit Situationen konfrontiert sein, in denen bestimmte Rechtssysteme den Einsatz von genetischen Verfahren zur Verbesserung der Ausdauer, Schnelligkeit oder Kraft erlauben und andere wiederum nicht. Die Geschwindigkeit des technologischen Fortschritts und unterschiedliche Wertesysteme erfordern die Definition von ethischen und rechtlichen Rahmenbedingungen. Denn es wird immer schwieriger, eine klare Grenze zwischen legitimen und illegalen Formen von Präzisionsmedizin und Human Enhancement im Sport zu ziehen.

QUELLEN

1 Nature (2016): Precision medicine

2 National Human Genome Research Institute (2021): The Cost of Sequencing a Human Genome

3 Science Direct (2013): Genetic Enhancement

4 Mordor Intelligence (2021): Human Enhancement Market – Growth, Trends, Covid-19 Impact, and Forecasts (2021–2026)

5 Sports Medicine (2021): Recovery in Soccer: Part I – Post-Match Fatigue and Time Course of Recovery

6 Strength and Conditioning Journal (2017): Precision Sports Medicine: The Future of Advancing Health and Performance in Youth and Beyond

7 Annals of the New York Academy of Sciences (2006): Rethinking Enhancement in Sport

ZIVILISATIONS-KRANKHEITEN *UND* STEIGENDES GESUNDHEITS-BEWUSSTSEIN

Die menschliche Bevölkerung wird immer älter. Der verbesserte Zugang zu Gesundheitsversorgung, sinkende Kindersterblichkeit und höhere Haushaltseinkommen haben zu einem starken Anstieg der Lebenserwartung geführt. Seit dem Jahr 2000 ist die weltweite Lebenserwartung bei Geburt auf 72 Jahre gestiegen – das schnellste Wachstum seit den 1960er-Jahren.[1] Demografische Veränderungen sind die Folge: Der Anteil der Weltbevölkerung im Alter von über 60 Jahren wird im Jahr 2050 2,1 Milliarden erreichen.[2] Ein Trend, der mit einem veränderten Krankheitsspektrum einhergeht.

Nicht übertragbare Krankheiten (NCDs) wie Krebs, Diabetes und Herzkrankheiten verursachen weltweit bereits mehr als 70 Prozent aller Todesfälle.[3] Während die Verbreitung dieser Krankheiten aufgrund der Alterung weiter ansteigen wird, sind Verhaltensweisen wie körperliche Inaktivität, unausgewogene Ernährung, Alkohol- und Tabakkonsum über alle Altersgruppen hinweg die Ursache für viele lebensstilbedingte Krankheiten. Expandierende Gesundheitssysteme finanzieren zunehmend Massnahmen zur Verbesserung der öffentlichen Gesundheit. Die Kosten der Gesundheitsversorgung sind weltweit auf 7,8 Billionen US-Dollar gestiegen, was rund 10 Prozent des weltweiten BIP entspricht.[4]

Der Trend steigender Gesundheitskosten wird sich in Zukunft fortsetzen. Gründe sind neben der Alterung eine Verschiebung von akuten zu chronischen Erkrankungen. Ein vielversprechender Ansatz zur Bewältigung der steigenden Gesundheitskosten ist ein stärkerer Fokus auf Prävention anstatt Behandlung.[5] Die Digitalisierung des Gesundheitswesens ermöglicht es, gesundheitliche Daten zu verfolgen und proaktiv zu handeln, beispielsweise durch Wearables, die körperliche Aktivität und medizinische Untersuchungen empfehlen, um Zivilisationskrankheiten effektiv vorzubeugen. Darüber hinaus wird die Gesundheit in Zukunft ganzheitlicher definiert. Nicht nur das körperliche Wohlbefinden, sondern auch psychologische und soziale Aspekte werden zunehmend einfliessen. Dieser holistische Ansatz wird durch ein erhöhtes Gesundheitsbewusstsein begleitet. Dazu gehört ein verbessertes Verständnis der Wechselwirkungen zwischen Verhalten und Wohlbefinden, aber auch eine Gesundheitskultur mit dem Ziel, über verschiedene Lebensphasen hinweg aktiv und produktiv zu bleiben. Mehr Entscheidungen des täglichen Lebens – in Bereichen wie Ernährung, Mobilität, Arbeit und Freizeit – werden als Gesundheitsentscheidungen wahrgenommen.

Gesundheitskosten senken

Als Antwort auf eine alternde Gesellschaft und die Verbreitung von chronischen Erkrankungen werden moderate sportliche Aktivitäten wie Laufen oder Radfahren zunehmend als Instrument zur Prävention von Zivilisationskrankheiten und zur Bekämpfung steigender Gesundheitskosten verwendet. Die Überwindung körperlicher Inaktivität wird ein wichtiges Ziel sein, denn Erwachsene in städtischen Gebieten verbringen 77 Prozent ihrer Wachzeit sitzend an ihrem Arbeitsplatz.[6] Sportangebote werden vermehrt auf die Bedürfnisse bestimmter Altersgruppen zugeschnitten. Die Anpassung der Häufigkeit, Länge und Intensität des Trainings an die Ansprüche älterer Menschen hat positive Effekte auf die physische, mentale und soziale Gesundheit.[7] Gleichzeitig können sich Freizeit- und Amateursport negativ auswirken, indem der Körper in einer asymmetrischen Position gehalten wird und repetitive Bewegungen ausgeführt werden, wie zum Beispiel beim Bowling, Golf oder Tennis.[8] Öffentliche Ausgaben für die Behandlung von Sportverletzungen werden zunehmend unter Druck geraten. Auch wenn nicht alle Arten von körperlicher Aktivität gesundheitsfördernd sind, nutzen öffentliche und private Institutionen den Sport zunehmend als Mittel zur Senkung der Gesundheitskosten. Die Selbsterfassung des individuellen Verhaltens durch Wearables, die Metriken wie Herzfrequenz und Blutdruck messen, dient als Grundlage für Anreizsysteme. Während gesunde und aktive Menschen solche Angebote in Zukunft nutzen werden, werfen gewisse

QUELLEN

1 World Health Organization (2019): Global Health Estimates: Life expectancy and leading causes of death and disability

2 United Nations (2017): World Population Ageing

3 World Health Organization (2020): Total NCD Mortality

4 World Health Organization (2019): Global Spending on Health: A World in Transition

5 Nature (2020): From treatment to prevention: The evolution of digital healthcare

6 International Journal of Behavioral Nutrition and Physical Activity (2019): Effect of workplace physical activity interventions on the cardio-metabolic health of working adults

7 BMC Public Health (2017): Sport and ageing: a systematic review of the determinants and trends of participation in sport for older adults

8 Tel Aviv University (2008): Amateur Sports Can Lead to Unexpected Health Problems Later in Life

9 Faculty of Sport and Exercise Medicine UK (2021): The Role of Physical Activity and Sport in Mental Health

10 OECD (2020): Mental health problems costing Europe heavily

11 Statista (2021): Global sports equipment market size 2012 to 2023

12 Mordor Intelligence (2021): Sports Nutrition Market – Growth, Trends, Covid-19 Impact, and Forecasts (2021–2026)

Praktiken auch Bedenken hinsichtlich Privatsphäre und Solidarität auf, beispielsweise im Fall von personalisierten Versicherungspolicen.

Sport hängt auch mit einer ganzheitlicheren Definition von Gesundheit zusammen, die vermehrt körperliche, mentale und soziale Aspekte berücksichtigt. Während physische Vorteile von Sport gut erforscht sind, rückt der positive Einfluss auf das psychische Wohlbefinden zunehmend in den Fokus.[9] Das in Grossbritannien ansässige Royal College of Psychiatrists empfiehlt körperliche Aktivität zur Behandlung und Therapie von Angststörungen und Depression. Neben positiven Auswirkungen auf die individuelle Lebensqualität gibt es ein enormes wirtschaftliches Potenzial. Die von psychischen Erkrankungen verursachten Kosten werden in den 28 Mitgliedsstaaten der Europäischen Union auf 600 Milliarden Euro geschätzt.[10] Darüber hinaus ermöglicht der Gemeinschaftsaspekt von vielen Teamsportarten und körperlichen Gruppenaktivitäten vielfältige soziale Interaktionen. Diese sozialen Bindungen sind mit verschiedenen kurz- und langfristigen Gesundheitsvorteilen verbunden und fördern als kosteneffektive Strategie das körperliche und geistige Wohlbefinden.

Da das Gesundheitsbewusstsein in der breiten Öffentlichkeit zunimmt und immer mehr Verhaltensweisen auf ihre potenziellen Auswirkungen bewertet werden, wird auch Sport immer mehr Bereiche wie Wohnen, Pendeln und Urlaub durchdringen: Überlegungen zum Zugang zu Sportanlagen von zu Hause aus, die Nutzung von Elektrofahrrädern für das Pendeln zwischen Wohn- und Arbeitsplatz oder die Kombination von Sport und Urlaub werden an Relevanz gewinnen – und dienen als Beispiele für eine sportlich orientierte Gesundheitskultur. Dieser Trend widerspiegelt sich auch im Marktwachstum für Sportartikel und -dienstleistungen. Der Wert des Sportgerätemarkts wird voraussichtlich bis 2023 150 Milliarden US-Dollar erreichen, was einem Anstieg von 20 Prozent im Vergleich zu 2020 entspricht.[11] Als Folge des gestiegenen Gesundheitsbewusstseins werden ähnliche Trends auch in anderen Bereichen wie dem Sporternährungsmarkt sichtbar. Freizeit- und Lifestyle-Kunden ergänzen zunehmend die bestehenden Hauptkonsumenten wie Sportler und Bodybuilder.[12]

DATENANALYSE *UND* EINSATZ KÜNSTLICHER INTELLIGENZ

Verbesserte Sensoren und vernetzte Elektronikgeräte erheben immer mehr Daten über das menschliche Verhalten, die Gesundheit und Umwelt. Die steigende Rechenleistung ermöglicht Fortschritte bei der Mustererkennung innerhalb grosser Datenmengen. In Zukunft werden zunehmend Computer und andere Geräte im öffentlichen Raum, in industriellen Anlagen und in privaten Haushalten eingesetzt, um die Welt zu quantifizieren. 55 Milliarden verbundene Endgeräte werden bis zum Jahr 2025 erwartet.[1] Neben der Verbesserung von Entscheidungsprozessen liegen die Hauptpotenziale der Datenanalytik in optimierten Vorhersagen und personalisierten Dienstleistungen. In vielen Sektoren wie Gesundheit, Mobilität und Handel wird die Fähigkeit, grosse Datenmengen zu analysieren, zu einem Wettbewerbsvorteil. Die Optimierungen von Kundenerlebnissen im Online-Handel oder Kosteneinsparungen durch die prädiktive Wartung von Immobilien sind nur zwei Beispiele. Die Datenanalyse bildet auch das Fundament einer Reihe von Technologien, die unter dem Oberbegriff KI zusammengefasst werden: Verfahren wie Bilderkennung, natürliche Sprachverarbeitung und maschinelles Lernen werden eingesetzt, um Verhalten und Entscheidungen zu automatisieren, die üblicherweise mit menschlicher Intelligenz assoziiert werden.

KI-Anwendungen reichen von der Interpretation von medizinischen Bildern über die Generierung von Architekturentwürfen bis hin zum sprachbasierten Kundenservice. Während KI zunehmend komplexe Aktivitäten in eng definierten Teilbereichen ausführen wird, sind intelligente Systeme aktuell leistungsfähige Verfahren zur Mustererkennung. Eine Replikation menschlicher Intelligenz ist derzeit noch nicht absehbar.

Die Big-Data-Welle erfasst den Sport

Die Voraussetzung für Datenanalysen im Sport ist die Verfügbarkeit von hochwertigen Daten. Die zunehmende Verbreitung von Kamerasystemen, der Einsatz von Wearables wie GPS-fähigen Trainingsanzügen und Smartwatches, eine mit Sensoren ausgestattete Infrastruktur und historische Sportdatenbanken legen den Basis für die Sportanalytik.

In der Folge werden datengesteuerte Erkenntnisse durch die Verbesserung von Scouting und Rekrutierung, Talententwicklung, Technik- und Mentaltraining sowie Gesundheit und Fitness zunehmend zu einem Wettbewerbsvorteil. Zugleich wird die Rolle der menschlichen Intuition zurückgehen: Das Aufspüren eines hochtalentierten Wunderkinds, die Auswechslung eines Spielers im perfekten Moment oder die mentale Vorbereitung eines Teams auf eine bevorstehende Drucksituation werden zunehmend von datenbasierten Erkenntnissen geleitet. Während professionelle Sportorganisationen zunehmend auf Analytik setzen, gewinnen datengesteuerte Erkenntnisse auch im Freizeitsport an Fahrt. Fitnessprogramme können auf Basis von Standorten oder verhaltens- und gesundheitsbezogenen Informationen personalisiert werden. Wearables und mobile Anwendungen empfehlen nicht nur Intensität, Häufigkeit und Übungen zur Verbesserung von Vitalparametern wie Herzfrequenz und Blutdruck, sondern schlagen auch technische Verbesserungen vor, indem sie falsche Körperhaltungen im Golf erkennen oder eine verbesserte Schusstechnik im Basketball vorschlagen.

In der Zukunft könnten diese Technologien dazu führen, dass Sportler ihre Fähigkeiten unabhängig von zentralisierten und ortsgebundenen Sportakademien entwickeln. Datenbasierte Erkenntnisse – und damit auch jene Organisationen, die analytische Fähigkeiten im Sport anbieten – gewinnen in Zukunft an Relevanz. Die USA werden die Landschaft der Sport-Tech-Unternehmen voraussichtlich dominieren: Zwischen 2014 und 2019 lag die US-amerikanische Sport-Tech-Finanzierung bei 8 Milliarden US-Dollar – viermal höher als im zweitplatzierten China.[2]

Unabhängig von der treibenden Kraft hinter dem Aufstieg von Sport-Tech-Unternehmen werden Datenschutzbedenken aufkommen, da die Sportanalytik auf sensiblen persönlichen Informationen beruht. Darüber hinaus kann die Datenanalyse auch dazu beitragen, Fanerlebnisse zu optimieren. Die Nutzung grosser Datensätze bietet Möglichkeiten, die Fanbasis zu vergrössern, langfristige Beziehungen aufzubauen und Umsätze zu steigern. Ein Schwerpunkt ist die Verbesserung des Stadionerlebnisses durch Automatisierung und Personalisierung. Sobald die Besucher ihre persönlichen Endgeräte vermehrt mit der Stadioninfrastruktur verbinden, können Betreiber und Dienstleister Medieninhalte und Statistiken individualisieren, effizientere Warteschlangensysteme für die Stadiongastronomie implementieren und Verkaufsangebote basierend auf historischen Daten und personalisierten Rabatten gestalten.

Diese Visionen können durch den Aufbau einer digitalen Stadioninfrastruktur realisiert werden, auf der Drittanbieter ihre Anwendungen entwickeln. Gleichzeitig entstehen durch die künftige Interkonnektivität auch Sicherheitsschwachstellen der digitalen Infrastruktur, da externe Parteien auf die Kernsysteme zugreifen. So kam es bei allen fünf Olympischen Winter- und Sommerspielen zwischen 2010 und 2018 zu Cyberattacken.[3] Die Gefahr solcher Vorfälle wird mit zunehmender Komplexität der digitalen Sportsysteme zunehmen.

Ausblick auf morgen

Der Weg zu algorithmischen Sportwetten

Ein wachsender Markt für Datenanalytik und KI ist der Sektor für Sportwetten. Während ausgefeilte statistische Modelle bereits etabliert sind, werden Algorithmen zunehmend Echtzeit-Quoten und sogenannte Mikrowetten generieren. Anstatt auf Endergebnisse zu setzen, tippen Wetter auf das Resultat eines einzelnen Schlags beim Baseball oder die Technik eines Tennisspielers während eines laufenden Ballwechsels. Voraussetzung ist eine minimale Verzögerung der Live-Übertragungen, um nachteilige Auswirkungen auf das Wettangebot zu vermeiden. Darüber hinaus können Algorithmen teilweise die Wettaktivität von menschlichen Wettern übernehmen. Dabei wird ein bestimmter Betrag in ein prädiktives Modell investiert, das die Einzelwetten auf Basis historischer Daten autonom abschliesst. Während der Unterhaltungswert solcher algorithmischen Wettaktivitäten sinken wird, treiben finanzielle Interessen die Nachfrage nach solchen Angeboten künftig an.

Der Einsatz von KI im Sport steckt noch in den Anfängen. Kritiker befürchten, dass der Sport seinen menschlichen Charakter verliert, wenn Spiele oder Wettkämpfe strikt nach Effektivität und Effizienz ausgetragen werden. Doch aufgrund der Abhängigkeit von historischen Daten und der Überbewertung von unbedeutenden Korrelationen werden viele menschliche Fähigkeiten in absehbarer Zeit nicht von Algorithmen ersetzt. Emotionale Intelligenz im Coaching oder kreative Spieltaktiken werden daher menschliche Domänen bleiben. Dennoch hat ein KI-System bereits Informationen aus über 400 Sportarten verarbeitet und automatisch für das Spielgeschehen und die Regeln eines neuen Sportformats namens Speedgate entwickelt.[4] Speedgate kombiniert bekannte Elemente aus Fusssball, Rugby und Kricket und demonstriert, wie KI-Technologie dereinst sogar kreative Prozesse im Sport automatisieren könnte.

Ein weiterer Bereich, in dem KI Einzug halten wird, sind Simulationen basierend auf historischen Daten. So können die grössten Sportler aus verschiedenen Epochen gegeneinander antreten. KI-Modelle könnten Tennismatches zwischen Steffi Graf und Serena Williams oder Fussballspiele zwischen verschiedenen Weltmeisterteams simulieren. Während solche Simulationen zunehmend die Aufmerksamkeit von Sportexperten und Technologie-Fans auf sich ziehen, wird die Popularität bei einem breiteren Publikum aufgrund der fehlenden Simultanität begrenzt bleiben.

QUELLEN

1 International Data Corporation (2020): IoT Growth Demands Rethink of Long-Term Storage Strategies

2 SportsPro Media (2020): Sports tech investment: Where are the venture capitalists spending their money?

3 Center for Security Studies ETH Zurich (2020): Trend Analysis Cybersecurity at Big Events

4 Speedgate (2021): What is Speedgate?

DEZENTRALISIERUNG *UND* EROSION TRADITIONELLER MACHT- STRUKTUREN

Während der Aufstieg des Internets den Zugang zu Information und Wissen ermöglichte, bilden digitale Plattformen grosse Gemeinschaften. Der Informationshunger und das Ausmass der Interkonnektivität sind erstaunlich: Jeden Tag werden bei Google 5,6 Milliarden Suchanfragen getätigt und die weltweite WhatsApp-Nutzerbasis verschickt 29 Millionen Nachrichten pro Minute. [1,2]

Die Kombination aus verbessertem Informationszugang und digitaler Vernetzung führt zu einer Demokratisierung von wirtschaftlichen, gesellschaftlichen, technologischen und politischen Entscheidungsprozessen. Eckpfeiler sind digitale Plattformen und soziale Medien, die es erlauben, Produkte, Dienstleistungen und Inhalte zu erstellen und zu verbreiten. Die Erstellung von Websites, die Bearbeitung von Videos und die Veröffentlichung von Medieninhalten werden zunehmend unabhängig von einer komplexen Infrastruktur ausgeführt.

Zugleich bieten Plattformmodelle wie Amazon, Alibaba und Airbnb wirtschaftliche Chancen für Nischenanbieter und Einzelpersonen, die ihre Vertriebsstärke und Reichweite ausbauen. Die Skalierbarkeit dieser Marktplätze führt zu Monopolisierungstendenzen und der Gefahr des Machtmissbrauchs durch die neuen Marktführer des digitalen Zeitalters. Social-Media-Konzerne, dezentral organisierte Initiativen oder Influencer mit hoher globaler Reichweite fordern zunehmend traditionelle Machtstrukturen heraus. Parallel dazu wünschen sich Nutzer und Konsumenten partizipativere und inklusivere Entscheidungsprozesse. Während Partizipation und Inklusion die Berücksichtigung unterschiedlicher Perspektiven und Interessen ermöglichen, nehmen die Komplexität und Dauer der Entscheidungsprozesse zu. Darüber hinaus schränkt die Dezentralisierung durch Blockchain und Crowdfunding zentrale Institutionen wie nationale Regulierungsbehörden dabei ein, verbindliche Standards zu definieren und durchzusetzen. Gleiches gilt für traditionelle Experten, die zunehmend von Social-Media-Influencern, Verschwörungstheoretikern und Pseudowissenschaftlern mit zweifelhafter Agenda konkurriert werden.

Ausblick auf morgen

Demokratisierter Sport durch digitale Partizipation

Amateursportler können heutzutage auf digitale Wissensdatenbanken mit Informationen, Empfehlungen und Praxisbeispielen zu allen Aspekten von Sport und körperlicher Aktivität zugreifen. Online-Portale ermöglichen es Fans, das Training, die Ernährung und Schlafroutinen ihrer Vorbilder nachzuahmen, während das Tracking durch Wearables Zugang zu medizinischen Informationen und individuelle Trainingsempfehlungen bietet. Zugleich fördern digitale Plattformen wie Joggingbuddy (Laufen) oder Footyaddicts (Fussball) die Selbstorganisation kollektiver Sportarten auf Basis flexibler zeitlicher und örtlicher Nutzerpräferenzen. In der Folge organisiert sich der Freizeitsport zunehmend unabhängig von zentralisierten Institutionen wie Verbänden oder Vereinen und orientiert sich an vielfältigeren Lebensstilen. Sportbegeisterte nutzen digitale Tools zudem, um eigene Sportinhalte zu produzieren und zu verbreiten. Das virtuelle Kommentatorenstudio Spalk.tv ermöglicht es Medienprofis und -amateuren, Sportkommentare aus der Ferne zu produzieren und auszustrahlen – vor allem für Märkte, die nicht durch bestehende Medienangebote abgedeckt sind.[3] Dadurch können Kommentatoren ihre Meinungen und Inhalte an Sprache, Wissensstand oder Interessen der jeweiligen Zielgruppen anpassen.

Das Gleiche gilt für Blogs und Social-Media-Gemeinschaften, die durch die Veröffentlichung von taktischen Analysen, Transfergerüchten oder Sportartikelrezensionen ein globales Publikum erreichen. Im Fall von Ex-Blogger René Maric öffneten dessen Beiträge in einem Fussball-Blog sogar die Türen für eine Anstellung als Assistenztrainer beim deutschen Bundesligisten Borussia Mönchengladbach.[4]

Fan-Partizipation über digitale Plattformen gewinnt auch bei der Entscheidungsfindung von Sportorganisationen an Bedeutung. Das Fan-Engagement bedient sich unter anderem Konventionen aus dem Reality-TV, um Nutzererlebnisse und Mitbestimmung von Inhalten – beispielsweise durch Abstimmungen über Shirt-Designs – breiter abzustützen. Sportformate wie CrossFit und Formel E gehen noch einen Schritt weiter, indem Zuschauer den Wettbewerb direkt beeinflussen können: CrossFit-Enthusiasten können in der Community abstimmen, in welchen Workout-Formaten sich die Athleten messen sollen.[5] In der Formel E können Zuschauer ihrem Lieblingsfahrer durch abstimmungsbasierte virtuelle «Boosts» einen zusätzlichen Leistungsschub geben.[6] Die digitale Beteiligung kann das Engagement von Sport-

QUELLEN

1. Internet Live Stats (2020): Google Searches today
2. Business of Apps (2021): WhatsApp Revenue and Usage Statistics (2020)
3. Spark (2021): Virtual Sportscasting Studio
4. Kicker (2020): Vom Blogger zum Co-Trainer: René Marics ungewöhnlicher Weg
5. Crossfit Games (2018): 18.5 Recap: The People's Choice
6. Formula E (2021): Fanboost
7. PWC (2019): How blockchain and its applications can help grow the sports industry?
8. The Guardian (2019): Covid impact puts European super league plan back in play

fans erhöhen und neue Einnahmequellen erschliessen. Doch sobald die Einbindung von Fans und Zuschauern zu Wettbewerbsverzerrungen führt, sind die Prinzipien der Fairness bedroht.

Nicht nur Entscheidungsprozesse von Sportorganisationen werden immer partizipativer – auch die Finanzierung verändert sich rasant. Crowdfunding-Modelle eröffnen finanzielle Opportunitäten für Kleinanleger und gemeinnützige Organisationen, während Distributed-Ledger-Technologien (DLT) wie Blockchains völlig neue Finanzierungsansätze ermöglichen. Ein Beispiel ist die Tokenisierung. Private und institutionelle Investoren können durch digitale Token einen Anteil an den Karriereeinnahmen eines Sportlers erwerben oder Teileigentümer einer Sportstätte werden. In der Sportbranche wurden bereits weit über 50 solcher Token von Start-ups wie SportyCo, GlobaTalent oder NetScouts lanciert.[7]

Während DLT-Technologien und Crowdfunding neuen Gruppen eine Reihe von Sportinvestitionen zugänglich machen, birgt das unregulierte Umfeld ohne zentralisierte Behörden ein erhöhtes Betrugsrisiko. Zunehmende Kommerzialisierung, digitale Plattformen und die Forderung nach mehr Partizipation und Inklusion erodieren traditionelle Machtstrukturen. In vielen Sportarten ist eine Machtverschiebung von nationalen Verbänden hin zu mächtigen Vereinen zu beobachten. Die erfolgreichsten Vereine gewinnen langfristig an Einfluss und bauen Druck auf. Der Plan für eine europäische Superliga, die die reichsten Vereine der grossen Fussballligen vereint, ist nur eines von vielen Beispielen. Solche Ambitionen flammten nach hohen Einnahmeausfällen während der COVID-19-Pandemie wieder auf.[8]

Gleichzeitig gibt es eine Machtverschiebung hin zu Athleten, die zunehmend soziale Medien und ihre enormen Fangemeinden nutzen können, um Einfluss auf Vereine und Verbände auszuüben. In Zukunft werden Markteintritte neuer Akteure wie Private-Equity-Firmen mit kurzfristigen Gewinninteressen oder Investitionen grosser Technologiekonzerne wie Amazon, Facebook oder Google zu einer noch komplexeren Sportlandschaft führen. Die Erosion der traditionellen Machtstrukturen und weniger einflussreiche Verbände könnten potenziell zu einem Machtvakuum und negativen Auswirkungen auf die Jugendentwicklung, den Breitensport und lokale Gemeinschaften führen.

SENSIBILISIERUNG FÜR NACHHALTIGKEIT *UND* WERTEORIENTIERUNG

Die zunehmend spürbaren Folgen des Klimawandels wie Dürren, überhitzte Innenstädte und Überschwemmungen haben einen wachsenden Einfluss auf die menschliche Lebensumgebung.[1] Heute bildet das steigende Bewusstsein für Umweltbelange die Grundlage für individuelle Veränderungen des Konsumverhaltens in Bereichen wie Reisen, Ernährung und Mobilität. Dieser Wandel widerspiegelt sich auch in boomenden Märkten wie Umwelttechnologie und Elektromobilität.[2] In Zukunft werden vermehrt neue Gesetzgebungen zur Sanktionierung von Umweltverschmutzung, Modelle der Kreislaufwirtschaft und Anreize für umweltfreundliche Praktiken vorangetrieben.

In der Folge werden sowohl Organisationen als auch Einzelpersonen durch neue Restriktionen in ihrem Handlungsspielraum eingeschränkt, um beispielsweise ihren ökologischen Fussabdruck zu begrenzen. Dies bedeutet auch, dass Unternehmen und Personen des öffentlichen Lebens, deren Handlungen von Medien oder NGOs als unökologisch eingestuft werden, zunehmend mit scharfen Gegenreaktionen rechnen müssen.

Auf ökonomischer Ebene fokussieren Investoren zunehmend auf ESG-Kriterien (Environmental, Social and Governance) bei der Allokation ihrer Investitionen. Dies kann zu Nachteilen für Sportorganisationen und Sportler führen, die nicht nach transparenten Nachhaltigkeitsstandards arbeiten. Während Nachhaltigkeit eine zentrale Säule des zeitgenössischen westlichen Wertesystems darstellt, hat sich eine Vielzahl von Werteorientierungen herausgebildet. Der Wandel hin zu einer Multioptionsgesellschaft fördert im digitalen Zeitalter eine grosse Bandbreite an individualisierten Lebensmodellen.[3]

Ein stärkerer Fokus auf Diversität und Inklusion – unter anderem ausgedrückt durch die Black-Lives-Matter-Bewegung oder Forderungen für mehr Gleichberechtigung – decken das Wertespektrum nur teilweise ab. Antidemokratische Kräfte und autoritäre Ansichten sind auch Teil eines zunehmend fragmentierten gesellschaftlichen Wertesystems. Während Automatisierung und digitale Disruptionen das Gefühl der Arbeitsplatzunsicherheit verstärken und wiederkehrende Pandemien Zukunftsängste schüren, wächst die Nachfrage nach Orientierung und klaren Werterastern. In der Folge müssen sich Organisationen und öffentliche Personen klar positionieren, um langfristig als vertrauens- und glaubwürdig zu gelten. Gleichzeitig werden sie zunehmend dem Risiko ausgesetzt sein, öffentlich abgestraft zu werden, wenn sie ihre Überzeugungen und Positionen nicht aktiv kommunizieren.

Sport nachhaltiger gestalten

Die wachsende Empörung angesichts der Klimakatastrophe und der Untätigkeit öffentlicher Institutionen läutet eine Ära ein, in der sich die Öffentlichkeit verstärkt für den ökologischen Fussabdruck von Sportereignissen interessieren wird. Von den gesamten Treibhausgasemissionen grosser Sportanlässe entfallen 85 Prozent auf Reisen und Unterkünfte.[4] Das Pariser Organisationskomitee für die Olympischen Spiele 2024 hat als Reaktion eine 55-prozentige Reduktion der CO_2-Emissionen im Vergleich zu den Spielen in London und Rio angekündigt.[5] Ein weiterer grosser Umweltfaktor auf individueller Ebene ist der Sporttourismus. Wintersportanlagen, Bergsteigen und Outdoor-Aktivtäten in abgelegenen Gebieten sind eine Ursache für Umweltverschmutzungen. Das massive Müllproblem am Mount Everest ist nur eines von zahlreichen Beispielen.[6] Das Bewusstsein für Nachhaltigkeitsprobleme steigt. Dies könnte künftig vermehrt zur Reglementierung der CO_2-Ausstösse von Sportorganisationen oder einzelnen Athleten führen. Die Auswirkungen des Klimawandels sind auch in der Sportwelt in Form von steigenden Durchschnittstemperaturen spürbar und relevant. Die Austragung von Wintersportveranstaltungen und der Tourismus werden durch Phänomene wie instabile Schnee- und Wetterverhältnisse in alpinen Regionen vor grosse Herausforderungen gestellt. Eine Anpassung von Terminkalendern, Standorten und Pistendesigns wird in vielen Regionen erforderlich sein. Folglich dürften auch bestimmte Sponsorenengagements – beispielsweise von Winterreifenherstellern oder allradgetriebenen Fahrzeugen im Wintersport – zurückgehen.

Andererseits belastet die Luftverschmutzung die Gesundheit von Sportlern. Schlechte Luftqualität aufgrund von Waldbränden in Australien oder abgesagte Marathons wegen Smogproblemen (wie 2020 in Bangkok) werden zunehmen.[7] Dies wird auch ein grosses Problem für Behörden, die Outdoor-Sportarten in stark urbanisierten Ballungsräumen fördern. Gleichzeitig wird Sport auch zunehmend als Instrument dienen, um das Bewusstsein für ökologische Nachhaltigkeit in der breiten Öffentlichkeit zu stärken. Die grosse Reichweite und emotionale Bedeutung von Sportereignissen können von öffentlichen Institutionen, NGOs und Sponsoren – vor allem aber auch von den Sportorganisationen selbst genutzt werden. Der Fussballverein Forest Green Rovers, der in der EFL League Two (Englands 4. Liga) spielt, dient als Paradebeispiel. Der Verein wurde als erster CO_2-neutraler Fussballverein der Welt zertifiziert. Das Vereinsgelände wird mit erneuerbaren Energien betrieben und den Spielern, Mitarbeitenden und Fans wird veganes Essen serviert. Zukünftige Projekte beinhalten ein neues Stadion namens Eco Park, das aus Holz gebaut wird und Ladestationen für Elektrofahrzeuge bietet.[8] Da solche Initiativen noch selten sind, könnten Sportorganisationen und Sportler in Zukunft verstärkt dazu angehalten werden, ihre Umweltemissionen offenzulegen und Massnahmen zu ergreifen, um ihren ökologischen Fussabdruck zu reduzieren. Die UN Sports for Climate Action ist beispielsweise eine Initiative, die Sportorganisationen dabei unterstützen soll, die Erreichung der globalen Klimaschutzziele zu erreichen.[9]

Ähnlich wie ökologische Belange werden auch sozialpolitische Themen zunehmend zum Ausdruck gebracht. Eine der grössten Veränderungen ist ein wachsender Frauenanteil in traditionell männerdominierten Sportbereichen. Als Folge davon sind grössere und umsatzstärkere Wettbewerbe im Frauensport zu erwarten. Diese werden vermehrt der englischen FA Women's Super League (Fussball) folgen, die 2018 voll professionalisiert wurde.[10] Neben der Gleichstellung der Geschlechter ist eine starke Anti-Rassismus-Bewegung in der professionellen Sportlandschaft entstanden. Seit Colin Kaepernick gegen Polizeibrutalität protestierte, indem er bei NFL-Spielen während der Nationalhymne niederkniete, ist die Black-Lives-Matter-Bewegung auf der globalen Sportbühne präsent. Das Bestreben, den Sport als Mittel zu nutzen, um gesellschaftliche Themen anzusprechen, wird auch im Bereich der Menschenrechte relevant. Proteste gegen Menschenrechtsverletzungen an Wanderarbeitern, die beim Bau der Stadien für die FIFA Fussball-Weltmeisterschaft 2022 in Katar beteiligt waren, werden sich weiterhin verbreiten. Letztlich werden soziale Werte in der künftigen Welt des Sports wichtiger. Von Athleten und Organisationen wird vermehrt erwartet, dass sie ihre Überzeugungen und Meinungen zu drängenden Themen äussern und entsprechend handeln. Kritiker befürchten, dass eine der vermeintlich letzten entpolitisierten Sphären zunehmend zum Austragungsort für soziale und ökologische Belange wird.

QUELLEN

1. European Commission (2021): Climate change consequences
2. McKinsey (2020): Electric mobility after the crisis: Why an auto slowdown won't hurt EV demand
3. University of St. Gallen (2015): I-Society: How multi-optionality is pushing individualisation in the digital age
4. Clean Energy Wire (2018): Sustainability concept bolsters Germany's football Euro 2024 bid
5. Paris 2024 (2021): A responsible Project
6. National Geographic (2019): Trash and Overcrowding at the Top of the World
7. NIKKEI (2020): Smog-choked Bangkok struggles to improve air quality
8. Forest Green Rovers (2021): Eco Park
9. United Nations (2021): Sports for Climate Action
10. UEFA (2021): Women's Football

69

NEUN SZENARIEN
UND VORHERSAGEN
FÜR DAS
ÜBERMORGEN

Wie es weitergeht

Die weitreichenden Veränderungen der Sportlandschaft durch wissenschaftlichen Fortschritt, globalisierte Sportmärkte und neue Formen des Medienkonsums erfordern einen breiten und langfristigen Blick auf die Zukunft des Sports. Welche Rolle werden mächtige Sportorganisationen mit globaler Anziehungskraft und massiven finanziellen Mitteln einnehmen? Wie werden sich Trends wie die Virtualisierung angesichts der steigenden Nachfrage nach gemeinschaftlichen Erlebnissen manifestieren? Wird sich das steigende Gesundheitsbewusstsein auch in der Gestaltung der öffentlichen Infrastruktur und Stadtentwicklung widerspiegeln?

Das folgende Kapitel geht diesen Fragen nach, indem neun Vorhersagen formuliert werden, die relevante Veränderungen und ihre Auswirkungen auf individueller und gesellschaftlicher Ebene skizzieren. Jede Vorhersage wird durch ein Szenario ergänzt, um die Diskussion über die Wünschbarkeit der zugrunde liegenden Entwicklungen anzuregen.

*Einige der Orte, Personen und Eigennamen in den Szenarien sind fiktional.

SZENARIEN	VORHERSAGEN
I. Superklubs als Ökosysteme [74]	Globale Skalierung, lokale Diversität [77]
II. Holografische Live-Turniere [80]	Physische Exklusivität, virtuelle Massenangebote [83]
III. Der algorithmische Scout [86]	KI-Systeme als Grundlage, Differenzierung durch den Menschen [89]
IV. Autonome Roboter-Wettkämpfes [92]	Maschinen als Spektakel, Menschen als Stars [95]
V. Sport-Zivildienst [98]	Stärkere Werteorientierung, neue Innovationsfelder [101]
VI. Die Sportify-Disruption [104]	Personalisierter Medienkonsum, neue Prinzipien der Vermarktung [107]
VII. Tokenisierte Gig-Sport-Anlässe [110]	Empowerment der Athleten, traditionelle Strukturen unter Druck [113]
IIX. Human-Enhancement-Spiele [116]	Multidimensionale Optimierungen, Neudefinition von Fairness [119]
IX. Die Sport-Stadt [122]	Integration von Sport in den Alltag, Neugestaltung von Infrastruktur [125]

Wie es weitergeht

Die grössten und einflussreichsten Sportvereine expandieren künftig in neue Geschäftsfelder wie Gesundheit, Mobilität und Finanzen. Werden Superklubs im Fussball den Weg für bahnbrechende Innovationen des 21. Jahrhunderts ebnen?

I.
SUPERKLUBS ALS ÖKOSYSTEME

Wie es weitergeht

SZENARIO

Im Jahr 2024 entstand in Mitteleuropa eine neue Fussball-Supermacht: Der FC Bisonte wurde in einer malerischen Stadt gegründet. Der Klub gewann sowohl die heimische Liga als auch die Champions League kurz nach der Debütsaison.

Kritiker machten schnell auf die Eigentümer des FC Bisonte aufmerksam. Sie beklagten, dass die Eignerstruktur, ein Syndikat von milliardenschweren Silicon-Valley-Unternehmern, einen unfairen Wettbewerbsvorteil darstelle. In der Tat hatte «Biso» die talentiertesten Spieler der Welt verpflichtet und Taktiker rekrutiert, die KI-Systeme zur Berechnung und Analyse von Spielverläufen nutzten. In den Folgejahren belegte der FC Biso weiterhin einen Platz unter den fünf besten Klubs in Europa und baute eine weltweite Fangemeinde auf.

Im Jahr 2030 war der FC Biso der beliebteste Fussballverein der Welt. Aber die Besitzer gaben sich nicht damit zufrieden, ihre Aktivitäten auf das traditionelle Fussballgeschäft zu beschränken. Zu Beginn des neuen Jahrzehnts war der Spitzenfussball zu einem homogenen Markt geworden. Vereine versuchten mit standardisierten und nicht mehr voneinander unterscheidbaren Angeboten globale Zielgruppen anzusprechen. Doch Biso war anders. Die umtriebigen Besitzer entwickelten ein Ökosystem von Produkten und Dienstleistungen, um die komplexesten Herausforderungen der Welt zu lösen. In einer historischen Rede erklärte Klubmitinhaber Bert Van Berkel: «Amazon ist mehr als ein Buchhändler, Google ist mehr als eine Suchmaschine. Wir werden zeigen, dass der FC Biso mehr als eine Sportunternehmung ist.»

Die erste Tochtergesellschaft, die ins Leben gerufen wurde, war B+, ein Vorstoss in die öffentliche Gesundheit, mit dem erklärten Ziel, die durchschnittliche Lebenserwartung innerhalb eines Jahrzehnts auf 150 Jahre zu erhöhen. Mit Ernährung, Biotechnologie, Nanotechnologie und digitaler Gesundheitsexpertise eines Gremiums von Koryphäen der Sportmedizin erreichte B+ dieses Ziel und revolutionierte das Wohlbefinden und die Langlebigkeit in der breiten Bevölkerung.

Bisos antivirale Nanobot-Behandlung, BisoSwarm, rottete virale Pandemien aus. Kurz nach seinem Champions-League-Sieg nahm der FC Biso einen Hyperloop-Shuttle in Betrieb, mit dem Menschen vom Stadionbahnhof im Süden von Bisonte in weniger als zehn Minuten europäische Hauptstädte wie Paris oder Berlin erreichten.

Doch neben solchen Erfolgen hat das Unternehmen auch Fehlinvestitionen getätigt. Das dritte Geschäftsfeld, an dem sich der Klub letztlich die Finger verbrannte, war der Finanzsektor. Nach dem Finanzcrash von 2030 startete der FC Biso die BisoBank, ein digitales Finanzdienstleistungsunternehmen, das Blockchain-Technologien nutzte, um eine globale Währung, den BisoCoin, zu schaffen.

VORHERSAGE

Globale Skalierung, lokale Diversität

Millionen von Menschen auf der ganzen Welt stürzten sich auf den Umtausch ihrer Dollar, Pfund, Euro und Yuan in BisoCoins, die auf sicheren Netzwerkservern gespeichert seien. Sie beobachteten, wie ihr Reichtum wuchs, während der Kurs des Coins in die Höhe schoss. Aber als die berüchtigte BisoCoin-Blase im Sommer 2036 platzte, waren die Investoren hilflos und mussten mitansehen, wie sich ihr Vermögen über Nacht in Luft auflöste. Die Untersuchung der Aktivitäten der BisoBank in dieser Zeit deckte eine grobe Fahrlässigkeit auf. Noch vor 2040 wurde der FC Biso liquidiert, um diejenigen zu entschädigen, die durch seine Aktivitäten finanziell gelitten hatten.

Die Liste der beliebtesten Sportarten der Welt bietet keine grossen Überraschungen. Gemäss der Geografie-Website WorldAtlas sieht die Rangliste wie folgt aus: Fussball (vier Milliarden Fans – mehr als die Hälfte der Weltbevölkerung), Kricket (2,5 Milliarden), Hockey (zwei Milliarden – Eis- und Feldhockey zusammen*), Tennis (eine Milliarde), Volleyball (900 Millionen), Tischtennis (875 Millionen), Basketball (825 Millionen), Baseball (500 Millionen), Rugby (475 Millionen) und Golf (450 Millionen).[1]

Da die Attraktivität dieser zehn Sportarten nicht so schnell nachlassen wird, bewegen sich Nischensportarten eher im Hintergrund. Obwohl es Anzeichen dafür gibt, dass die «Grossen Zehn» in den kommenden Jahren weiterhin wachsen, haben auch weniger populäre Sportarten die Chance, ihr Kernpublikum zu erweitern. Die bedeutendsten Unterschiede zwischen den Grossen Zehn und kleineren Sportarten (darunter Squash, Radsport, Darts, Badminton, Judo, Eiskunstlauf, Skirennen usw.) sind ihre Geschichte und Tradition. Grundsätzlich sind die Sportarten mit den grössten Anhängerschaften diejenigen, die sich in der zweiten Hälfte des 19. Jahrhunderts ein Fundament an Fans aufgebaut haben. Mit Ausnahme von Golf wurden diese Sportarten zuerst in den neu industrialisierten Städten gespielt und festigten ihre Fanbasis durch das Aufkommen moderner Massenmedien wie Radio, Fernsehen und In-

*Obwohl sich die beiden Sportarten bezüglich Organisation und Zuschauermärkten fundamental unterscheiden

Wie es weitergeht

ternet. Spiele, die sich gut für mediale Übertragung eignen, brannten sich am stärksten in das kollektive Bewusstsein ein. Heute bringt Sportberichterstattung rund um den eigentlichen Live-Event mehr Geld denn je ein. Fernsehsender tätigen deshalb grosse Investitionen in Moderation und Unterhaltungsformate. So zahlte die BBC dem Fussballkommentator Gary Lineker alleine in der Finanzperiode 2019/20 1,75 Millionen britische Pfund.[1]

Ausbruch aus dem Silo

In den kommenden Jahren werden die Ligen, Turniere, Klubs und Marken innerhalb der zehn grössten Weltsportarten einen riesigen Einfluss ausüben. Ein Beispiel für die zunehmenden Überschneidungen zwischen Sport und Politik war die Entscheidung des US-Golfverbands, den Turnberry-Golfplatz des ehemaligen US-Präsidenten Donald Trump als Austragungsort für die PGA Tour 2022 auszuschliessen.[3] Eine weitere Entwicklung besteht darin, dass Sportorganisationen vermehrt in andere Sektoren wie Gesundheit, Mobilität, Finanzen oder Tourismus vordringen.

Wie bei jedem Wachstumsschub wird die Weiterentwicklung dominanter Sportarten zu unbeabsichtigten Konsequenzen und mehr Komplexität führen. Ähnlich wie bei internationalen Unterhaltungsfirmen wird es immer schwieriger, riesige globale Sportmarken durch undurchsichtige politische, soziale und kommerzielle Gewässer zu navigieren. Die neuen Produkt- und Service-Ökosysteme dominanter Sportorganisationen werden vor allem Kunden und Fans anziehen, die bereits eine emotionale Bindung zu den Sportarten haben. Darüber hinaus können Vergünstigungen für Tickets und gastronomische Angebote mit digitalen Treueprogrammen ausserhalb des Sportsektors kombiniert werden. Passionierte Fans von Vereinen bilden einen attraktiven Markt und eine loyale Kundenbasis für neue Dienstleistungen. Allerdings gibt es auch Risiken in Bezug auf das Vertrauensverhältnis der Fans. Einige werden das weitere Wachstum von Sportorganisationen misstrauisch betrachten und zögern, ihnen Gesundheitsdaten, Finanzen oder persönliche Sicherheit anzuvertrauen. Aufgrund der Too-Big-to-Fail-Mentalität einiger Sportorganisationen werden viele bei dem Versuch scheitern, in neue Bereiche vorzudringen. Diejenigen, die erfolgreich sind, werden auf der Basis ihrer Vertrauenswürdigkeit, Reputation und Relevanz reüssieren.

Stolpersteine des globalen Wachstums

Der Sport wird oft als universelle Sprache beschrieben. Der Erfolg eines jeden Sports liegt in seiner Fähigkeit, kulturelle Brücken zu schlagen und neue Märkte zu begeistern. Prominente Beispiele sind der rasante Aufstieg von Basketball in China oder die plötzliche Attraktivität von Baseball in Japan nach dem Zweiten Weltkrieg. Daher beruht die Wachstumsstrategie oftmals auf der Replikation einer einzigen massentauglichen Formel, die eine hohe Markenbekanntheit ermöglicht und Traditionen und Konventionen bewahrt. Doch der Handlungsspielraum wird zunehmend eingeschränkt, da globale Sportarten immer vielfältigere Fangruppen mit einem standardisierten Angebot zu erreichen versuchen. Das Risiko besteht darin, dass Charakter, Kultur, Tradition und Charme für die wachsende Anziehungskraft und immer stärkere Kommerzialisierung des Sports geopfert werden. Tennis-, Fussball- oder Hockeyspiele werden überall auf der Welt auf eine ähnliche Weise kommerziell inszeniert – egal ob der Austragungsort Delhi oder Dublin heisst. Dementsprechend werden sich Sportorganisationen darum bemühen, lokale Berührungspunkte zu schaffen und dabei neue Formen des Umsatzes zu erschliessen. Da die Bedienung von globalen Zielgruppen immer standardisierter wird, müssen sich innovative Sportmarken zunehmend differenzieren.

Nischensportarten mit geschärftem Profil

Nischensportarten mit kleineren Anhängerschaften und weniger bekannten Veranstaltungen können ihre Attraktivität durch digitale Kanäle steigern. Viele lokale und kleinere Sportinstitutionen werden im Vergleich zu den dominanten Weltsportarten agiler und inklusiver sein. Ausserdem werden sie besser in der Lage sein, lokale kulturelle, politische und soziale Bedürfnisse zu adressieren. Soziale Netzwerke werden genutzt, um Fans von Nischen- und neuen Sportformaten zielgruppenspezifisch anzusprechen und sie untereinander zu vernetzen. Während Wettbewerbe in kleineren Sportarten nicht die gleichen Einschaltquoten und Umsätze erzielen werden, werden sie experimentellere und innovativere Nutzererlebnisse und Produkte anbieten, wie zum Beispiel gezieltere Direct-to-Consumer-Ansätze (D2C) über eigene Streaming-Plattformen. Darüber hinaus können weniger prominente Sportarten radikaler sein, wie sie soziale, ökologische und politische Themen ansprechen. Sie werden zeitweise durch mobilisierende digitale Plattformen in das Zentrum des öffentlichen Bewusstseins rücken. Die Nutzung von sozialen Medien wird für die Popularisierung von Nischensportarten entscheidend sein. Eine treue und aktive Anhängerschaft kann dabei genau so attraktiv sein wie ein globaler Massenmarkt. Die kleineren Sportarten werden sich in der Folge schneller verbreiten, sind aber oftmals kurzlebig und abhängig von gesellschaftlichen und technologischen Trends. Sie werden kometenhaft aufsteigen, das Interesse und die Leidenschaft der digitalen Gemeinschaft wecken, um kurz darauf ihre Anziehungskraft zu verlieren. Diese Zyklen werden durch mangelnde finanzielle Ressourcen von Nischensportarten und durch die hohe Geschwindigkeit sozialer Trends beschleunigt.

QUELLEN

1. World Atlas (2021): The most popular sports in the world

2. The Guardian (2020): Gary Lineker agrees £400,000 BBC pay cut and to tweet more carefully

3. Financial Times (2021): PGA dumps Trump golf course as tournament venue

Technologien wie holografische Übertragungen bieten neue Stadionerlebnisse. Was für eine Atmosphäre und welche kommerziellen Möglichkeiten würden entstehen, wenn virtuelle Replikationen von Live-Tennisspielen von einem lokalen Publikum mitverfolgt werden könnten?

II.
HOLOGRAFISCHE LIVE-TURNIERE

Wie es weitergeht

SZENARIO

Der Auftakt des ersten Hainan Women's Masters Tennisturniers (auch bekannt als BlackGroove Open) wurde auf den 15. Juni 2038 angesetzt. Der jüngste Wettbewerb in der Riege der Grand-Slam-Turniere markierte einen Quantensprung in der Geschichte der Sportübertragungen. Technologie-Enthusiasten bezeichneten das Turnier als Meilenstein für den Beginn der Post-Bildschirm-Ära. BlackGroove stieg dank seiner Social-Media-Plattform ClickClack innerhalb eines Jahrzehnts von einem unbedeutenden Tech-Start-up in Shenzhen zu einem globalen Giganten auf. Die selbstentwickelte 360-Grad-Kamera-Hardware machte das Unternehmen zum perfekten Partner für die Einführung einer neuen Art, Tennis zu schauen.

Eine erschwingliche und relativ kleine Hologramm-Drohne – die ClackDrone – ermöglichte es den Menschen, die Live-Geschehnisse auf dem Tennisplatz in Form von 4-D-Replikationen mitzuverfolgen. Nachdem sie das Sportfeld kartiert hat, projiziert die Drohne schwebend ein 4-D-Bild der Spielerinnen und des sportlichen Geschehens auf die bestehende Umgebung. Audiosignale der Spiele ertönen aus einem Lautsprecher, der im Sockel des Geräts untergebracht wird.

Aufgrund von ökologischen Nachhaltigkeitsüberlegungen und immer teureren CO_2-Kompensationen waren Fans weniger bereit, zu grossen Sportereignissen zu reisen. Die physische Veranstaltung selbst wurde nur durch eine globale Elite besucht, die in der Lage war, den Premium-Eintrittspreis zu bezahlen. Ticketpreise des BlackGroove Opens begannen beispielsweise bei 640 000 Renminbi, garantierten jedoch ein exklusives Erlebnis hinsichtlich Catering und Komfort.

Für die breite Masse, die nicht die finanziellen Mittel hatte, um persönlich teilzunehmen, bot die Technologie ein alternatives Erlebnis. Der Anwendungsfall war klar: Das Unternehmen wollte das Hainan Masters als Schaufenster für seine neue Technologie nutzen. Die Ambition war, dass die ClackDrone mit ihren Hologrammen die traditionellen Bildschirme als bevorzugtes Sportmedium ablösen würde. Es funktionierte. Millionen von Tennisfans in Megastädten, aber auch kleinen Dörfern, nutzten die ClackDrone zur Projektion von 4-D-Tennisspielen. Mit einer Privatversion liessen sich die Spiele sogar auf Esstische projizieren. Auf der ganzen Welt trafen sich Tennisfans in lokalen Klubs und öffentlichen Plätzen, um zu sehen, wie die als Nummer 1 und Nummer 4 gesetzten Spielerinnen der Welt im Finale live vor ihren Augen gegeneinander antraten.

Die Atmosphäre an solchen Orten war elektrisierend – die Lebendigkeit des Live-Hologramms brachte das Live-Erlebnis an die Veranstaltungsorte. Die Zuschauer waren von den mehrdimensionalen Echtzeit-Geschehnissen begeistert. Die weite Verbreitung der ClackDrone war der Schlüssel zum Erfolg und das Turnierfinale brach alle Zuschauerrekorde. Aber noch wichtiger war, dass die Technologie den Weg für die Projektion weiterer Sportereignisse auf der ganzen Welt ebnete und somit Gemeinschaftserlebnisse ermöglichte. Als das 18-jährige Tennis-Wunderkind Chynna Ling den Pokal für das Dameneinzel – überreicht von BlackGroove CEO Zhang Yu – in die Höhe stemmte, veränderte sich die Welt der Sportübertragungen für immer.

VORHERSAGE

Physische Exklusivität, virtuelle Massenangebote

Im Jahr 2014 hat Japan im Vorfeld der Olympischen Spiele 2020 in Tokio eine Strategie zur drastischen Steigerung der Touristenströme lanciert.[1] Das Ziel war es, den Freizeittourismus als Treiber des Wirtschaftswachstums zu nutzen und im Jahr der Spiele 20 Millionen Menschen in das Land zu locken. Doch der Ausbruch der COVID-19-Pandemie führte zu einer Verschiebung der Veranstaltung auf das Jahr 2021. Der Fall von Tokio 2020 ist ein Beispiel für die Herausforderungen, denen grosse Sportturniere während und nach einer globalen Pandemie ausgesetzt sind. Die Selbstverständlichkeit, dass Millionen von internationalen Reisenden in eine einzige Stadt strömen – und sich in Bars, Restaurants, Hotels, Bussen und Zügen tummeln –, wurde heftig infrage gestellt. Dies ist ein Anzeichen dafür, dass Sportereignisse in Zukunft zum Spielball neuer ökologischer, ökonomischer, sozialer und gesundheitlicher Umwelteinflüsse werden können. Selbst wenn die langfristigen Vorhersagen von Experten über die Besucherzahlen in Stadien auseinandergehen, könnten die Zuschauermengen bei grossen Sportereignissen periodisch sinken – und vermutlich wird ein Besuch vor Ort deutlich teurer werden. Neue Medienformate werden den Sport auch aus der Ferne in ein interessanteres und spannenderes Publikumserlebnis

Wie es weitergeht

verwandeln. Dadurch wird der Sport in entlegene Gebiete gebracht. Gleichzeitig entstehen neue Einnahmequellen durch Abo- und Pay-per-View-Dienste, die VR-, AR- oder Hologramm-Übertragungen anbieten.

Grosse Sportereignisse bleiben relevant…

Obwohl bestimmte Live-Angebote von Zeit zu Zeit redimensioniert werden, bleiben Sportgrossereignisse weiterhin ein wichtiger Bestandteil der globalen Gesellschaft. Spitzensportler werden auch in Zukunft von Wettkämpfen auf höchstem Niveau träumen, an denen die maximale Anzahl Zuschauer für eine Gänsehautatmosphäre sorgt. Die Medienkonzerne sind dabei auf die schillernden Auftritte ebendieser Athleten angewiesen, um Zuschauerzahlen weiter zu optimieren.

Das Gemeinschaftsgefühl, das bei der Unterstützung eines Sportlers oder Teams im Stadion entsteht, wird auch weiterhin viele Menschen zusammenbringen. Dies wird umso wichtiger, wenn die sozialen Bindungen schwächer werden und sich die Einsamkeitsepidemie weiter ausbreitet. Physische Ereignisse werden sich allerdings immer stärker vom virtuellen Konsum unterscheiden. Der Einzelhandel dient dabei als Analogie: Beim digitalen Einkaufen geht es um Effizienz und die Entdeckung einer umfangreichen Produktpalette. Im physischen Einzelhandel geht es hingegen vielmehr um Exklusivität und soziale Interaktion. Das Gleiche gilt für den Sport: Der virtuelle Konsum wird Statistiken, erweiterte Informationen, personalisierte Wiederholungen und Wettangebote liefern. Doch auch bei Stadionveranstaltungen werden Produktionsteams die nächste Generation von Zuschauererlebnissen entwickeln, um eine unvergessliche Atmosphäre und Spektakel zu kreieren. Die anwesenden Fans werden exklusivere Erfahrungen nachfragen, da sie für die Teilnahme zunehmend einen Aufpreis bezahlen. Neben umfangreichen Catering-Angeboten werden auch neue Medienformate in Stadien implementiert, die AR und VR, Gamification und personalisierte Statistiken bieten. Dies wird Stadien in vernetzte, multifunktionale Arenen verwandeln, in denen diverse Events über verschiedene Sportformate hinweg veranstaltet werden können.

…aber sie müssen sich anpassen

Sportgrossveranstaltungen müssen aufgrund der globalen Rahmenbedingungen neue Anforderungen erfüllen. Der Kampf gegen den Klimawandel bedeutet, dass Veranstaltungen weniger umweltschädlich werden müssen – und einen Beitrag zum Schutz der Ökosysteme leisten können. Ein Beispiel könnten Pop-up-Sportveranstaltungen sein, bei denen das Stadiongelände nach dem Anlass geräumt und anschliessend wieder begrünt wird. Die CO_2-Emissionen, die entstehen, wenn Menschen massenhaft zu grossen Sportevents pilgern, werden vermehrt durch ökologische Initiativen kompensiert.

Während die COVID-19-Pandemie mit der schnellen Einführung eines Impfstoffs langfristig besiegt werden könnte, wird die Krankheit unsere sozialen Interaktionen beeinflussen. Bei Live-Sportveranstaltungen wird das Versammeln von Menschenmassen neuen Regeln unterliegen. Social-Distancing-Massnahmen und Kapazitätsbeschränkungen werden vielleicht nicht zum globalen Standard, aber einige dieser Regelungen werden periodisch an bestimmten Orten nötig sein. Diese ökologischen und gesundheitspolitischen Einschränkungen werden Auswirkungen für Ligen, Vereine und Sponsoren haben. Mit weniger Besuchern bei den Veranstaltungen werden die Preise für die Teilnahme an Veranstaltungen steigen. In der Folge werden Ligen und Vereine neue Wege gehen, um Sponsoren zu gewinnen und kommerzielle Möglichkeiten zu schaffen. Die Hauptfolge ist, dass der Besuch von manchen Events eher den Gutverdienenden vorbehalten sein wird. Bei überbuchten Veranstaltungen werden Tickets nicht nur an Zuschauer vergeben, die es sich leisten können, sondern an diejenigen, deren Online-Einkaufshistorie auf eine hohe Konsumation im Stadion hinweist.

Virtuelle Nachbildung von Live-Sport

Seit der Erfindung des Rundfunks können wir die elektrisierende Atmosphäre in Stadien medial miterleben. Neuartige Technologien werden die Stimmung bei Sportgrossereignissen in Zukunft noch besser replizieren. Für viele Menschen ist Sport etwas, das im Fernsehen – entweder zu Hause oder in einer Bar mit Freunden – konsumiert wird. Doch diese Konventionen und Gewohnheiten werden sich ändern, sobald die nächste Generation von immersiven Technologien weiterentwickelt und ausgerollt wird. Die Fortschritte bei VR-, AR- und MR-Übertragungen und die Investitionen während der COVID-19-Pandemie deuten auf jeden Fall darauf hin.

So könnten künftig grosse internationale Sportereignisse in Form von holografischen Projektionen auf lokale Sportplätze und Veranstaltungsorte gebeamt werden: Vorstellbar sind Technologien, die es auf der Tribüne eines Amateur-Fussballvereins Dutzenden Zuschauern erlauben, auf dem Spielfeld ein Live-Hologramm von Real Madrid gegen FC Barcelona mitzuverfolgen. Darüber hinaus könnten Replikationen von Boxkämpfen auf den Esstisch projiziert werden. Dadurch würde ein neuer Sektor entstehen, der Sport auf dem Bildschirm so antiquiert erscheinen lässt wie das Lesen eines Spielberichts in der Zeitung.

QUELLE

[1] Travel Weekly (2014): Japan outlines plan to achieve 20m tourists by 2020 Olympics

Datenanalysen werden Scouting sowie Trainingsmethoden und Taktik weiter durchdringen. Könnte ein Scout eine neue Eishockey-Dynastie aufbauen, indem er KI-basiert aus der Ferne ein Team aus den weltweit talentiertesten Spielern zusammenstellt?

III.
DER ALGORITHMISCHE SCOUT

Wie es weitergeht

SZENARIO

Donald Ridgeway war vielleicht der einfallsreichste Talentscout seiner Generation. In den fünf Jahren bis zur Saison 2035 leitete er einen kompletten Neuaufbau des angeschlagenen kanadischen Eishockey-Teams Mont-Frémir ein. Nach einer katastrophalen Saison im Jahr 2029 ordnete der Präsident des Klubs eine komplette strategische Neuausrichtung an und holte sich die Hilfe des renommierten Talentscouts und Team-Architekten.

Ridgeway hatte einen Riecher für gute Spieler, aber vor allem war er ein früher Befürworter von IceScouter. Eine virtuelle Plattform, die durch vernetzte Eishockeyausrüstung mit Daten gefüttert wurde, bot eine weltweite Übersicht aus der Vogelperspektive auf die Leistung von Talenten, Amateuren und Profis – und dies in Echtzeit. Schläger, Schlittschuhe, Helme, Trikots und sogar Stutzen wurden mit Sensoren und Kameras ausgestattet, die Leistungsdaten sammelten. Die algorithmischen Auswertungen wurden über ein KI-basiertes System namens «Puck» an die Scouts zurückgespielt. Die kürzlich erfolgte Markteinführung dieser Geräte erzeugte eine Datenflut. Egal ob bei einem Spiel der IIHF Eishockey-Weltmeisterschaft oder unter Freunden auf einer gefrorenen Eisfläche am Rand von Helsinki, die Aktivitäten der Athleten erzeugten Datenspuren. Ridgeway war entschlossen, diesen Spuren zu folgen und ein Team zu formen, das eine sportliche Ära von Mont-Frémir prägen sollte.

Währenddessen testete ein junges Eishockeytalent ausserhalb der sibirischen Stadt Yakutsk in Russland seine neue IceScouter-Ausrüstung auf dem Eis. Antinko Smirnov war das Aushängeschild seiner lokalen Jugendmannschaft. Ihm wurde eine erfolgreiche Zukunft im professionellen Eishockey vorausgesagt. Als sein Vater, der gleichzeitig auch sein Trainer war, die Schnelligkeit und Geschicklichkeit des Teenagers erkannte, kaufte er das komplette IceScouter-Ausrüstungspaket.

In den folgenden Monaten hatte der junge Sportler ein beachtliches Datenprofil erstellt. Jede Zehenbewegung, jedes Dribbling und jede Schussabgabe wurden aufgezeichnet, verfolgt und ausgewertet. Interessengruppen besorgter Eltern setzten sich in der Folge auf der ganzen Welt für stärkere Regulierungen von IceScout im Umgang mit den persönlichen Daten ihrer Söhne und Töchter ein. Doch in den frühen 2030er-Jahren hinkte die Politik der Innovation immer noch hinterher.

Während viele Talentscouts zögerten, IceScouter zu nutzen, um vielversprechende Spieler zu rekrutieren, war Ridgeway überzeugt. Er verbrachte Stunden mit der Durchsicht von Spielerdaten, die durch die Puck-Plattform gesendet wurden und liess prädiktive Modelle laufen, um zu sehen, welche aufstrebenden Spieler eine perfekte Kombination ergeben würden.

Der kanadische Scout war in seinem Haus in Quebec, als er eine Benachrichtigung erhielt, dass Smirnovs Spielerstatistiken Anzeichen für einen signifikanten Leistungsanstieg zeigten. Das Geniale an IceScouter und der Puck-Plattform war, dass nicht nur grossartige Spieler identifiziert werden. Das System erkennt vielmehr den Moment, in dem mittelmässige Talente zu aussergewöhnlichen Athleten werden.

VORHERSAGE

KI-Systeme als Grundlage, Differenzierung durch den Menschen

Es war klar, dass der junge russische Stürmer das fehlende Bindeglied im Team war, mit dessen Aufbau Ridgeway beauftragt war. Der Scout verschwendete keine Zeit und flog nach Jakutsk, um die Familie Smirnov zu treffen und den Transfer ihres Sohns nach Mont-Frémir zu besprechen. Die Parteien unterzeichneten die Verträge und es wurde vereinbart, dass Antinko Smirnov der Eishockey-Jugendmannschaft in Québec beitritt.

Ridgeway erzählte oft, dass eine der lohnendsten Aspekte seines Jobs war, die aufstrebenden Talente einer Mannschaft vorauszusagen und zu beobachten, wie sie über die Jahre zu einem Team zusammenwuchsen. Der plötzliche Erfolg von Mont-Frémir nach der Saison 2035 war der überzeugendste Nachweis von Ridgeways Fähigkeiten. Mithilfe der prädiktiven IceScouter-Technologie legte er den Grundstein für eine langanhaltende Eishockey-Dynastie.

KI ermöglicht es, innerhalb von grossen Datensätzen Muster zu erkennen. Bisher unbekannte Zusammenhänge werden erkannt und beispielsweise im Online-Handel oder für Wettervorhersagen genutzt – dasselbe gilt auch für den Sportsektor. Umfangreiche Datenanalysen werden zur Voraussetzung, um auf professionellem Niveau konkurrenzfähig zu sein und als Trainer spielentscheidende Eingriffe vorzunehmen. So nutzt das Baseballteam Los Angeles Dodgers Geolokalisierung, um beim Pitching Defensivstrategien zu optimieren.[1] Darüber hinaus erstellen KI-Systeme individuelle Trainingspläne für sämtliche Spieler. Befürchtungen, dass Teams bald von Robotern trainiert werden, sind jedoch fehl am Platz. Das Training wird in Zukunft nach wie vor von Experten geprägt, die ihre Erfahrung und Intuition einbringen. Im Unterschied zu heute wird vermehrt KI verwendet, um Wettbewerbe zu gewinnen.

Der Einsatz solcher Technologien ist auch der Schlüssel zur Zusammenstellung eines Kaders basierend auf der Analyse komplementärer Fähigkeiten der Spieler. Es werden immer mehr Anwendungen in den Bereichen Scouting, Transfers und Training entstehen. Limitationen bei der Implementierung von datenbasierten Ansätzen gilt es dabei aber ebenso zu berücksichtigen. Schon jetzt stehen

Wie es weitergeht

sich ambitionierte Technologen und Regelkommissionen von Ligen und Verbänden gegenüber. Das Big-Data-Unternehmen InStat bietet Sportteams Analysen für Fussball, Basketball und Eishockey. Einzelne Spieler erhalten einen Überblick über ihre kompletten Leistungsdaten und können so Bereiche mit Verbesserungspotenzial identifizieren. Die Datensätze werden dabei immer grösser – und dadurch ähnlich wie im Vertrieb und Marketing zur Entscheidungsgrundlage. Wer über mehr Informationen verfügt, kann seinen Partnern ermöglichen, mehr Produkte zu verkaufen. Übersetzt auf den Sportsektor bedeutet dies, dass mehr Daten und bessere Modelle letztlich zu mehr Siegen führen. Entsprechend entstehen neue Fragen rund um den Datenschutz und ein neuer Markt für Spielerdaten. Vereine könnten bei künftigen Transfers verpflichtet sein, umfangreiche Datensätze des Spielers mitzuliefern.

Daten als Handelsware

Daten werden zu einer zentralen Säule des sportlichen Wettbewerbs – so entscheidend wie Taktik und Training. Wer neue Modelle am schnellsten einführt, wird einen Vorteil erlangen. Schon heute sind Datenanalysen im Sport Voraussetzung für den Erfolg verschiedener Teams und Spieler. Die Formel 1 geht dabei voran. Sie ist mehr als nur ein Autorennen, sondern gleichzeitig auch ein Wettkampf um das Sammeln der besten Datengrundlage. Der Mercedes AMG F1 W08 EQ Power+, der von Williams F1 eingesetzt wird, sammelt über 300 GB an Daten während eines einzigen Rennwochenendes.[2] Sportarten, die ein hohes Mass an Komplexität und variable Ergebnisse haben – wie Teamsportarten mit einer hohen Anzahl von Spielern und einer Vielfalt an taktischen Variationen –, können am meisten von Datenanalysen profitieren. Solche Innovationen helfen auch beim Scouting. So können beispielsweise junge Rugbyspieler bewertet werden, um das langfristige Leistungspotenzial zu prognostizieren. Gleichermassen können im Eishockey Modelle eingesetzt werden, die berechnen, wie die Spielweise eines einzelnen Athleten mit der Ausrichtung eines bestehenden Teams harmoniert.

Die Effektivität von Big Data und KI basiert auf der Erkennung von Mustern. Falls dadurch Schwachstellen in den gegnerischen Abwehrreihen aufgedeckt werden, können sich Trainer durch eine adaptierte Taktik einen Wettbewerbsvorteil verschaffen. Je mehr solche datenbasierten Technologien zum Einsatz kommen, desto grösser werden die Datensätze, was wiederum die Analyse effektiver und genauer macht. Insbesondere Teams mit hohen Erwartungen und finanziellen Ressourcen werden in den Aufbau von Datenanalyse-Abteilungen und die Entwicklung von KI-Strategien investieren. Kritiker warnen davor, dass Spiele nicht mehr länger auf den Plätzen und Feldern gewonnen werden, sondern in Analysezentren neben der Umkleidekabine.

Sportwetten sind ein weiterer Bereich, in dem Algorithmen automatisierte Vorhersagen in Echtzeit treffen können. Auch wenn der Unterhaltungsaspekt des Wettens darunter leiden wird: Algorithmen werden zunehmend grössere Summen auf der Basis selbstlernender Wettmodelle setzen. Supercomputer könnten Wettentscheidungen treffen und versuchen, minimale statistische Schwankungen der Quoten auszunutzen. Private und institutionelle Glücksspieler werden sich wahrscheinlich mit den Buchmachern ein Kopf-an-Kopf-Rennen um leichte algorithmische Vorteile liefern. Ähnlich wie beim Hochfrequenzhandel in der Finanzindustrie werden durch diese neue Form der automatisierten Sportwetten neue kommerzielle und rechtliche Herausforderungen entstehen. Plattformen für Sportwetten werden wahrscheinlich strengeren Vorschriften in Bereichen wie Identitätsüberprüfung und Manipulationsüberwachung unterliegen.

Die Grenzen der Sportanalytik

Neue Technologien bringen manchmal unbeabsichtigte Konsequenzen mit sich und bleiben oftmals hinter den grossen Erwartungen zurück. Bei der Datenanalyse und KI im Sport wird dies nicht anders sein. So besteht eine Limitation darin, dass die KI-basierten Empfehlungen auf historischen Informationen beruhen. Das bedeutet, dass jede Vorhersage durch frühere Ergebnisse bestimmt wird. Dies könnte sich als eine Herausforderung für die prädiktive Sportanalyse erweisen. Eine Strategie, um solche Effekte abzuschwächen, wird darin bestehen, nicht nur grosse Mengen, sondern vor allem hochwertige Daten zu sammeln: Informationen, die aussagekräftig sind und Hinweise auf scheinbar unerklärliche Ereignisse im Sport liefern.

Doch die vielleicht komplexeste Problematik bei der Einführung von Analysetools ist die Frage nach dem Datenbesitz. Analog zur Informationsökonomie, in der Big-Tech-Unternehmen, die über die meisten Daten verfügen, auch am meisten verdienen, wird auch im Sport eine neue Ära eingeläutet, in der Teams mit den grössten Informationsmengen an der Spitze der Ranglisten stehen werden. Mehr Daten sind gleichbedeutend mit besseren Ergebnissen. Teams werden den Preis von Spielerstatistiken verhandeln, Tauschgeschäfte eingehen und horrende Geldsummen bezahlen. Voraussetzung für künftige Transfers werden persönliche Datensätze, die die Historie eines Spielers von der Jugendausbildung bis in den Profibereich zusammenfassen. Solche Transaktionen werden in das stark kommerzialisierte Ökosystem des Spitzensports eingebunden. Somit werden auch Alltagsaktivitäten im Leben der Spieler – wie sie schlafen, was sie essen und wie sie sich regenerieren – zum Wirtschaftsgut. Einige Athleten werden dieser Entwicklung mit einer scharfen Gegenreaktion entgegnen und klare Grenzen ziehen, wie viel ihre Arbeitgeber über sie wissen dürfen. Die Forderung nach klaren Regelungen wird ebenfalls lauter werden.

Menschliche Intuition spielentscheidend

Während im Spitzensport ein technologisches Wettrüsten darum entsteht, welcher Verein, welche Mannschaft oder welcher Athlet die neueste Analysetechnik einsetzen wird, bleibt der Mensch der differenzierende Faktor. Diejenigen Akteure mit intuitiven Fähigkeiten und hoher emotionaler Intelligenz werden noch begehrter werden. Die Forschung im Bereich mentale Gesundheit und Neurowissenschaften wird neue Potenziale freisetzen, um Teams und Athleten aufzubauen, die psychisch robust sind. Solche Wettkämpfer werden Kraft aus ihrer mentalen Stärke schöpfen, um spielentscheidende Punkte zu gewinnen. Auch bei der Zusammensetzung von Teams werden menschliche Interaktionen von grösserer Bedeutung sein. Wichtig sind Vertrauen, Selbstbewusstsein und positives Denken. Weniger erfolgreiche Manager und Strategen werden sich zu sehr auf die Analyse von Big Data und KI verlassen, was sie daran hindern wird, unvorhersehbare, unkonventionelle Spielideen einzubringen, um ihre Gegner auf dem falschen Fuss zu erwischen.

QUELLEN

1. Forbes (2020): The AI Lords of Sports: How The SportsTech Is Changing Business World

2. TIBCO (2018): How Does Data Drive a Formula One World Champion?

Das menschliche Verständnis davon, was als Sport zählt, entwickelt sich ständig weiter. Werden künftige Zuschauergenerationen Wettkämpfe zwischen autonomen Maschinen verfolgen? Und wenn ja, wer sind dann die künftigen Stars — intelligente Roboter oder die menschlichen Entwickler, die programmieren, konstruieren und optimieren?

IV.
AUTONOME ROBOTER-WETTKÄMPFE

Wie es weitergeht

SZENARIO

Colossus 2.0 gegen Aggressor 9 war wohl der epischste aller Endkämpfe in der 25-jährigen Geschichte der Unmanned Mech Battle Championship (UMBC). Die beiden Roboter-Kämpfer wogen jeweils eine Tonne und trugen ihre Auseinandersetzungen auf dem Boden und in der Luft der eigens errichteten Mech-Arena – einem Outdoor-Stadion am Rand von Johannesburg – aus. Nach vier Stunden erbitterten Kampfs mit Schwertern, Schienenkanonen und Projektilen hatte die kürzlich aktualisierte Nahkampf-Strategie-Software von Aggressor 9 die Oberhand gewonnen. Während das Programmierteam unermüdlich im Unterstand arbeitete, gelang den Technikern eine Meisterleistung, indem sie einen offensiven Vorstoss von Colossus 2.0 parierten. Aggressor 9 war in der Lage, einen finalen Angriff zu landen und brachte den angeschlagenen Roboter ins Taumeln. Die Konstruktion explodierte beim Aufprall.

Der Sieg festigte die Position von Team Aggressor als erfolgreichstes Team, das jemals an der UMBC teilgenommen hat. Die Gruppe wurde angeführt von Adola Okafor. Sie war ein 19-jähriges nigerianisches Programmier-Wunderkind, das sich seine KI-Kenntnisse durch das Schreiben von Software für Mech-Kämpfe auf den Strassen von Lagos angeeignet hatte.

Während die weltweiten Zuschauerzahlen der UMBC seit der ersten jährlichen Meisterschaft im Jahr 2030 von Jahr zu Jahr anstiegen, war Afrika eine führende Macht in Bezug auf Talente und Fangemeinde. Die Nachfrage des südafrikanischen Publikums nach Live-Kämpfen wurde durch das öffentliche Interesse rund um den Bau der neuen Mech-Arena angetrieben. Das Design der Arena war auf die Anforderungen der UMBC ausgelegt. Die Veranstaltungen selbst waren Publikumsmagnete und die Roboter wurden in Zusammenarbeit mit grossen Technologiefirmen entwickelt, die der Welt ihre technischen Fähigkeiten präsentierten.

Die neuen Arenen beherbergten Wartungssysteme und technische Einrichtungen, um die Titanen in Wettbewerbsverfassung zu halten. Ausserdem gab es eine riesige Aufräumabteilung, die mit automatischen Drohnen nach den Kämpfen die Metall- und Carbonfaserreste von beschädigten Robotern einsammelte.

Der UMBC war eine weltweit populäre Sportart und Okafor war eine der meistgefragten Persönlichkeiten ihrer Zeit. Doch keine Beschreibung schien auf sie zu passen. Fachleute und Beobachter rätselten: War sie eine Technikerin? Eine Wissenschaftlerin? Eine Roboter-Trainerin? Oder eine Sportlerin? «Die Antwort lautet: ein bisschen von allem», sagte Okafor ihrem Publikum an einem globalen Führungsgipfel kurz nach ihrem ersten Titelgewinn mit dem Team Aggressor. Während viele den Zweikampf der zwei riesigen, von Elektrodüsen betriebenen Roboter bewunderten, wussten wahre Szenenkenner, dass man solche Kämpfe nicht mit der besten Hardware, sondern mit intelligenter Software und KI gewinnt. Idealerweise ist Letztere in der Lage, den Gegner zu antizipieren. Online-Foren diskutierten im Vorfeld der Wettbewerbe die algorithmischen Feinheiten und stimmten darüber ab, welche KI im Kampf die Nase vorn haben wird.

VORHERSAGE

Maschinen als Spektakel, Menschen als Stars

Die UMBC zog aber auch Kritik der Pro-AI-Bewegung auf sich. Diese Organisation argumentierte, dass der Wettbewerb mit zwei empfindungsfähigen Maschinen gegen die neu verkündete UN-Charta der Roboterrechte verstosse. Der Fall wurde schliesslich vor dem Internationalen Gerichtshof verhandelt, wo 13 von 15 Richtern entschieden, dass die UMBC konform mit der Charta der Roboterrechte war. Mit diesem Zuspruch wurde der Wettbewerb immer stärker und verwischte die Grenzen zwischen Sport, Technologie und Unterhaltung.

E-Sport hat sich zu einem der Segmente mit dem schnellsten Wachstum des letzten Jahrzehnts entwickelt. Und die Zuschauerzahlen werden weiter steigen. Während im Jahr 2019 454 Millionen Menschen regelmässig Gaming-Wettbewerbe verfolgten, wird erwartet, dass diese Zahl bis 2023 auf 646 Millionen ansteigen wird.[1] Wenn man bedenkt, dass die Zuschauerzahlen im Jahr 2017 bei 335 Millionen lagen, ist die Branche auf dem besten Weg, ihre Fangemeinde innerhalb von sechs Jahren zu verdoppeln – eine beachtliche Leistung.

Aber was kommt als Nächstes? Das rasante Wachstum der E-Sport-Branche birgt Chancen und Herausforderungen für den gesamten Sportmarkt. Die Verantwortlichen werden vor schwierigen Fragen und Entscheidungen stehen, wenn es um das Verhältnis zwischen E-Sport und traditionellen Sportarten geht. Aber während sich viele uneinig darüber sind, ob virtuelle und digitale Wettkämpfe tatsächlich Sport darstellen, werden sich die Spiele in diesem neuen Markt weiterentwickeln. Durch den Einsatz von KI im E-Sport könnten schon bald autonome Systeme um die Vorherrschaft im virtuellen Raum kämpfen. Bei Grossveranstaltungen könnten selbststeuernde Roboter physisch gegeneinander antreten. In dieser auf den ersten Blick unheimlichen Utopie würden Ingenieure, Programmierer – und sogar Maschinen selbst – zu den herausragenden Sportpersönlichkeiten.

Wie es weitergeht

E-Sport in neuen Sphären

Die Generation Alpha der zwischen 2010 und 2024 Geborenen wird immer grösser (jede Woche kommen 2,5 Millionen auf die Welt). Diese bildet zusammen mit den bevölkerungsreichen Generationen Z und Y ein enormes Publikum für E-Sportarten.[2] Während die schiere Anzahl der Fans diese Branche weiterhin vorantreiben wird, ermöglicht eine hochkomplexe digitale Infrastruktur Tausenden Spielern gleichzeitig, sich in Open-World-Spielen zu messen. Schnelle Fortschritte bei Speicherkapazitäten, Rechenleistung und Bandbreite werden diese globalen Spielwelten unterstützen. Die allgegenwärtige Bedrohung einer wiederkehrenden Pandemie schränkt zudem die Möglichkeit der Zuschauer ein, sich an physischen Megaevents zu versammeln. Dieser Umstand wird die Virtualisierung beschleunigen. Auch Umweltemissionen von Sportgrossveranstaltungen werden in Zukunft ökologisch bewusstere Generationen zunehmend davon abschrecken, in gleichem Mass wie heute an physischen Events rund um die Welt teilzunehmen. Streaming von E-Sport ist dadurch eine ideale und akzeptierte Alternative, Sport aller Art zu konsumieren. Das Potenzial besteht auch darin, dass Gaming eines der zentralen (und bisher unerfüllten) Versprechen des Web 2.0 einlösen könnte, indem Gamer in einer zunehmend fragmentierten Gesellschaft engere Verbindungen eingehen und globale Gemeinschaften bilden.

Der kometenhafte Aufstieg von E-Sport hängt auch immer stärker mit der Populärkultur zusammen. Der Rapper Drake trat auf der Streaming-Plattform Twitch dem Gamer Ninja in einem Livestream bei. Basketballspieler Michael Jordan und andere Superprominente haben in die Branche investiert und transformieren das Gaming zu einer kulturellen Aktivität, die auch im Massenmarkt immer weitere Verbreitung findet.

KI-basierte Wettbewerbe

Im allgemeinen Sprachgebrauch werden Hinweise auf E-Sport womöglich in den kommenden Jahren auf das E-Präfix verzichten. Die Debatte wird sich auf die nächste Generation von elektronischen, digitalen und virtuellen Wettbewerben wie Drohnen-Rennen oder KI-Simulationen verlagern. Dies wird vorangetrieben durch den Einsatz von KI und die nächste Generation von autonomen Robotern. In virtuellen Wettbewerben werden Varianten für Spielverläufe vorprogrammiert. Die intelligentesten und strategisch geschicktesten KI-Wissenschaftler werden sich mit ihren Programmen durchsetzen. Andere Wettbewerbe fokussieren eher auf die Hardware. Die Robotik-Maschinen werden gegeneinander antreten, nachdem sie von Technikern und Ingenieuren konstruiert wurden. Zu diesem Zeitpunkt wird KI in der Gesellschaft angekommen sein und einen integralen Bestandteil von Handel über Gesundheit bis hin zu Mobilität darstellen. Allerdings werden strenge Regeln die menschliche Beteiligung einschränken. Das Verändern und Manipulieren der Maschinen während des Wettbewerbs werden dann teilweise verboten sein.

Die neuen Athleten

Aber während die neue Kategorie «KI gegen KI» in den virtuellen und den physischen Sport vordringt, wird der menschliche Faktor immer noch im Vordergrund stehen. Traditionelle Sportarten werden mit Technik, Koordination und Athletik gewonnen. KI-Sportarten werden durch geschicktes Entwickeln, Ingenieurskunst und Programmieren unter Druck für sich entschieden. Es wird Einzel- und Teamformate sowie Open-Source-Wettbewerbe geben, bei denen Tausende von Spielern in grossen Gruppen gegeneinander antreten und Strategien entwickeln.

Gefeierte Programmierer werden zu Medienphänomenen, die via Livestream ihre Gedankengänge und Tipps an Gruppen von Online-Fans weitergeben. Diese Teams und Spieler werden eine ähnliche Berühmtheit erlangen, wie sie E-Sport-Spieler heute geniessen. Das Spektakel von Robo-Athleten, die ihre Soft- und Hardware zur Schau stellen, wird neue Zuschauer anziehen: Das Potenzial des humanoiden Roboters Atlas des MIT könnte auf Extremsportarten oder Ausdauerwettbewerbe übertragen werden. Die involvierten Akteure werden ein hohes gesellschaftliches Ansehen geniessen und als Vorreiter an der Spitze des KI-Fortschritts stehen. Denkbar ist auch, dass sich die nächste Generation von Athleten in öffentliche Debatten rund um das Thema KI einschaltet und ihre Bedenken zum Einsatz von KI im öffentlichen Raum, zu ethischen Fragestellungen und militärischen Anwendungen äussert.

Ein Sportsegment in den Fängen von Big Tech

Die technologischen Grundlagen für diese neue Sportkategorie werden in drei Schlüsselbereichen entwickelt: grosse Technologieunternehmen (Apple, Google, Alibaba, Amazon oder Facebook), wissenschaftliche Forschungsinstitutionen (Stanford, MIT Media Lab, Oxford oder das Tokyo Institute of Technology) sowie Regierungsbehörden wie die DARPA. Für grosse Technologieunternehmen ist der KI-basierte Sport ein fruchtbarer Boden für die Rekrutierung junger Talente. Manager der Big-Tech-Unternehmen werden den KI-basierten Sport als Mittel zur Präsentation und zum Testen von KI-Innovationen nutzen. Gleichzeitig wird der KI-Sport zur effektiven Marketingstrategie, um die Reputation von Firmen zu verbessern. Doch das Ausmass und das Tempo des Fortschritts werden heftige Reaktionen von Kritikern auslösen. Denn prädiktive Algorithmen, die im Verlauf von KI-Sportwettbewerben entwickelt werden, weisen grosses Missbrauchspotenzial auf.

QUELLEN

1 Insider Intelligence (2021): Esports Ecosystem Report 2021: The key industry companies and trends growing the esports market which is on track to surpass $1.5B by 2023

2 McCrindle (2021): Generation Alpha – Understanding our children and helping them thrive, a consultancy estimates

Wie es weitergeht

Sport hat das Potenzial, gesellschaftliche und ökologische Probleme der Zukunft zu lösen.
Kann eine öffentliche Institution den Polosport nutzen, um Bildung, Entwicklung und Inklusivität innerhalb von marginalisierten Gemeinschaften zu fördern?

V.
SPORT-ZIVILDIENST

Wie es weitergeht

SZENARIO

Eine Vereinigung europäischer Nationalstaaten rollte in den 2030er-Jahren eine Initiative aus, die den Breitensport in den Vordergrund stellte. Das Ziel war die Bewältigung einiger der dringendsten und komplexesten Probleme der Gesellschaft. Es wurde beschlossen, eine neue supranationale Abteilung – den Civilian Sports Service (CSS) – zu bilden. Dieser Sport-Zivildienst sollte einen langfristigen Rückgang von Kriminalität, Fettleibigkeit, Zivilisationskrankheiten und psychischen Problemen erreichen. In einigen Ländern haben sämtliche Schulabgänger ein Pflichtjahr im CSS verbracht. Dies entlastete die nationalen Regierungen, trug zu einem Gemeinschaftsgefühl bei und verbesserte die Lebensqualität. Einige politische Kräfte waren allerdings gegen die Institutionalisierung des CSS und sahen darin staatliche Machtansprüche, die persönliche Freiheitsrechte verletzen.

Eine Reihe von Sportarten wurde finanziert und mittels partizipativer Programme in allen beteiligten Staaten eingeführt. Fünfer-Fussball und -Basketball wurden aufgrund ihrer einfachen Implementierung in dicht besiedelten Innenstädten als Leitsportarten ausgewählt. Doch auch einige Nischensportarten konnten von der Partizipation profitieren. Eine davon überraschte viele Beobachter – Polo. Nach Berichten über die gesellschaftsfördernde Wirkung des Polosports in benachteiligten Regionen Südamerikas beschlossen Beamte in europäischen Hauptstädten, das Prinzip auf Länder in Europa zu übertragen.

Steuerliche Subventionen und finanzielle Anreize wurden denjenigen gewährt, die Ställe eröffneten, Pferde züchteten oder Polo unterrichten wollten. Forschungsbemühungen von Anthrozoologen zeigten, dass der psychosoziale Nutzen von Sport verstärkt wurde, wenn das Spiel mit der Tierpflege kombiniert wurde.

Zwischen 2032 und 2036 wurden Poloklubs in den Innenstädten und Schulen von Portugal bis Polen gegründet. Im Jahr 2040 war Polo nach Fussball die zweitbeliebteste Sportart, wobei der Pferdesport insbesondere unteren Einkommensschichten zugänglich wurde. Während das Spiel früher globalen Eliten vorbehalten war, erreichte es nunmehr Menschen in breiteren Gesellschaftsschichten. Ärztinnen spielten mit Bauarbeitern. Busfahrer wurden zu Jugendtrainern und Universitätsprofessorinnen engagierten sich in der Tierpflege. Der Aufstieg des Sports trug zu einem Boom auf dem Arbeitsmarkt bei und war ein Segen für den Naturschutz, indem grüne Wiesen als Lebensraum für pensionierte Polo-Ponys angelegt wurden.

Beamte waren begeistert, als sie die Daten über den sozialen Einfluss des Polosports analysierten. Durch CSS linderte der Polosport viele Missstände der Gesellschaft. Zwischen 2040 und 2050 gingen Gewaltverbrechen deutlich zurück. Fettleibigkeit war rückläufig. Auch die Selbstmordrate sank. Währenddessen wurde der Polosport als Mittel zur Förderung junger Mädchen in ganz Europa genutzt. Gemischte Teams stärkten das Prinzip der Geschlechterparität bei Kindern und Jugendlichen.

VORHERSAGE

Stärkere Werteorientierung, neue Innovationsfelder

Der CSS war ein wichtiger Treiber und gleichzeitiges Versuchslabor für neue Technologien. Das Bestreben, die Infrastruktur und Stadtplanung zu transformieren, um Poloplätze und Ställe zu integrieren, war beträchtlich. Mithilfe von Datenanalyse und Modellierung konnten die Stadtplaner die Städte umstrukturieren, um diese Orte besser zugänglich zu machen. In der Zwischenzeit wurde ein CSS-Jahr entscheidend für einen gelungenen Berufseinstieg. Dieser Lebensabschnitt verbesserte das persönliche Verhalten und förderte individuelle Stärken. Eine enge Betreuung half den meisten Teilnehmenden, ihre berufliche Zukunft zu bestimmen. Der Sport der Könige erwies sich in den folgenden Jahrzehnten als grösster Treiber der Chancengerechtigkeit.

Im Allgemeinen wird Sport als positive Kraft wahrgenommen. Aber es gibt neue Erkenntnisse über die ethischen, ökologischen, gesundheitlichen und sozialen Implikationen der Art und Weise, wie Sport heute ausgeübt, durchgeführt und inszeniert wird. Folglich wird in den kommenden Jahren eine stärkere Werteorientierung in den Vordergrund rücken. Neue Kontrollsysteme könnten entstehen, die ein wachsames Auge auf die Sportbranche werfen. Aufsichtsbehörden könnten Massnahmen wie Environmental Fairplay einführen, um exzessive, umweltschädliche Praktiken zu verhindern und Sportler sowie Teams für nicht nachhaltige Aktivitäten zu sanktionieren. Regierungen und gewählte Volksvertreter sind entscheidend, um sicherzustellen, dass professionelle Sportteams die Verantwortung für die Auswirkungen ihrer Aktivitäten übernehmen. Auf der anderen Seite werden sich Sportorganisationen und Sportler auch proaktiv an die gesellschaftlichen Normen anpassen, um ihre Popularität zu erhöhen und eine breitere Fangemeinde anzusprechen. In Zukunft werden Wettbewerbe diejenigen Teams belohnen, die den grössten Beitrag zum ökologischen und sozialen Wohl leisten. Solche Mechanismen werden auch neue Möglichkeiten für soziale In-

Wie es weitergeht

novationen bieten, die sportliche Partizipation fördern und das Potenzial des Sports zur Verbesserung der Lebensqualität entfalten. Eine neue Institution könnte innerhalb von Nationalstaaten entstehen: ein Sport-Zivildienst, der personelle und finanzielle Ressourcen zur Förderung, Ermöglichung und Unterstützung von Breitensport nutzen könnte.

Vielfältige Wertesysteme

Initiativen wie der zuvor beschrieben Sport-Zivildienst können erst umgesetzt werden, wenn bessere Kenntnisse über die kausalen Zusammenhänge zwischen Sport und gesellschaftlichen Auswirkungen – sowohl auf Profi-Ebene als auch im Breitensport – verfügbar sind. Es ein Feld der Gegensätze. Tägliches Laufen und das Ausüben von Teamsportarten verbessern die körperliche und mentale Gesundheit, schädigen jedoch die Gelenke. Soziale Medien vernetzen sportbegeisterte Gemeinschaften, führen allerdings zu negativen Körperwahrnehmungen und Gefahren für das psychische Wohlbefinden. Sport kann die soziale und ethnische Durchmischung fördern, aber auch Diskriminierung und Geschlechterstereotypen verbreiten. Das gesamte Bild ist deshalb kompliziert.

Gesundheitliche Erkenntnisse von Tracking-Apps in Verbindung mit grossangelegten Studien über soziale Auswirkungen des Sports sind ein notwendiger Ausgangspunkt. Wahrscheinlich ist, dass ein besseres Verständnis der negativen Auswirkungen des Sports zu grösserem öffentlichen Druck führen wird. In der Folge werden Versuche unternommen, Aktivitäten einzuschränken, die im Übermass als gefährlich oder ungesund eingestuft werden. Marathons oder Ausdauer-Veranstaltungen könnten neue Restriktionen auferlegt werden. Von Extremsportlern könnte erwartet werden, mehr für Lebensversicherungen zu bezahlen. Darüber hinaus könnte eine Gegenreaktion zum Wellness-Kult entstehen. Fitness Influencer und Personal Trainer, die auf Instagram, TikTok und YouTube Trainings- und Ernährungspläne anpreisen, werden vermehrt unter Druck geraten. Eltern und Gesundheitsbehörden könnten Massnahmen ergreifen, um ihren Einfluss einzuschränken, weil sie eine Flut an mentalen Problemen befürchten, wenn Kinder versuchen, einen perfekten Körperbau zu erreichen. In der Folge kommt es zu einem stärkeren Fokus auf ethische, ökologische, gesundheitliche und soziale Anforderungen im Sport.

Einige der neuen Restriktionen wenden sich gegen den Makrotrend der Kommerzialisierung, der den Sportsektor in den letzten Jahrzehnten geprägt hat. In der Tat werden einige dieser Regelungen in die bestehenden Regelwerke für Teams und Athleten integriert. Das Financial Fairplay im Spitzenfussball verhindert in der Theorie, dass Klubs mit übermässigen finanziellen Ressourcen langfristigen Erfolg erkaufen können. Künftig werden sich Teams womöglich an Regeln des ökologischen Fairplays halten und ihre CO_2-Emissionen, ihren Wasserverbrauch und sonstige Ressourcenverwendung einschränken müssen. Öffentlicher Druck und nationale Politik werden die Sportinstitutionen dazu bringen, Sport nicht nur nachhaltiger, sondern auch sicherer zu machen, indem beispielsweise neue Regeln zum Schutz von Kopfverletzungen im American Football oder Eishockey eingeführt werden. Eine aktive Umverteilung der Erträge ist ebenfalls denkbar. Eine überfällige Massnahme könnte somit die Honorare von Athletinnen auf das Niveau der männlichen Kollegen hieven. Da die Rolle des Sports für die Entfaltung von gesellschaftlichem Potenzial zu einem Schlüsselfaktor wird, sollte auch stärkere Aufmerksamkeit auf das Verhalten von Athleten, Organisationen, Teams und Marken gerichtet werden. Bis vor Kurzem war es trotz des inhärenten Widerspruchs akzeptabel, dass Tabakfirmen grosse Sportveranstaltungen sponsern. In den kommenden Jahren werden Sponsoringverträge in den Bereichen Wetten, Alkohol, Softdrinks, Fast Food und anderer Produkte mit negativen Auswirkungen auf das menschliche Wohlbefinden weiter unter Druck geraten.

Gleichzeitig werden Sportler mehr denn je als Vorbilder und Botschafter fungieren, was bedeutet, dass sie gezwungen sind, eine klare Position zu sozialen und ökologischen Themen zu beziehen. In der Folge verschwimmen die Grenzen zwischen Sportlern und sozialen Botschaftern. Fans haben seit je diejenigen Sportler bewundert, die besonders erfolgreich waren. Künftig werden aber auch zunehmend diejenigen Sportler populärer und einflussreicher, die sich für ein soziales Anliegen oder für marginalisierte Gruppen einsetzen. Da mehr Menschen als je zuvor die Auswirkungen des Klimawandels spüren, wird die Popularität von Sportlern steigen, die sich für Nachhaltigkeitskampagnen engagieren.

Raum für soziale Innovation

In den letzten Jahren hielten viele die Globalisierung für eine unaufhaltsame Kraft. Doch heute wird ersichtlich, dass sich einige ihrer Aspekte verlangsamen oder abschwächen. Der Globalisierungstrend kommt in Wellen – und an manchen Punkten machen sich Phasen der De-Globalisierung bemerkbar. Das bedeutet, dass sich die oben aufgeführten Reformen und Entwicklungen global mit unterschiedlicher Geschwindigkeit vollziehen werden. Dabei entstehen auch neue Spannungsfelder. Die Frage der Fairness ist zentral für den Sport, wobei einheitliche Regelungen für die Regulierungsbehörden zunehmend problematisch werden. Angenommen, der Sportverband eines Landes anerkennt Transgender-Athleten als Frauen und es wird ihnen erlaubt, an Wettkämpfen im Frauensport teilzunehmen – und ein anderer Verband entscheidet sich dagegen. Die Kluft zwischen den unterschiedlichen Geschwindigkeiten, mit denen Länder soziale Innovationen durch Sport einführen oder beschleunigen, wird in Zukunft immer grösser. Diese Systeme können aufgrund unterschiedlicher Werteorientierungen auseinanderdriften.

Auch wenn sich das Tempo der Veränderungen unterscheiden wird: Der Sport bietet viele Möglichkeiten, um gesellschaftliche Innovationen in die ethischen, ökologischen, gesundheitlichen und sozialen Rahmenbedingungen einzubetten. Eine Schlüsselprognose ist die vermehrte Einführung von «sozialen Lizenzen», das heisst eines neuen Gemeinschaftsvertrags, der von Athleten, Vereinen, Ligen und Verbänden mit der Bevölkerung eingegangen wird. Diese soziale Lizenz wird zur Grundlage dafür, dass Sportinstitutionen Verantwortung übernehmen, für menschliche Grundprinzipien einzustehen – oftmals auch auf Kosten von finanziellen Interessen. Das bedeutet im Gegenzug, dass grosse Projekte und Initiativen breiter abgestützt werden. Wenn ein grosser Fussballverein einen heruntergekommenen Stadtteil erneuern will, würde er mit einer solchen Lizenz für seine Handlungen in die Pflicht genommen.

In den kommenden Jahren werden wir das duale Zusammenspiel zwischen beliebten Zuschauersportarten wie Profifussball, -Tennis und -Basketball mit Massensportarten sowie privaten Fitnessaktivitäten und Amateur-Teamsportarten besser verstehen. Ersteres fördert publikumswirksam ethische, ökologische und soziale Ideale. Letzteres wird praktische Verhaltensänderungen in den Lebensalltag der Teilnehmer tragen.

Wie es weitergeht

VI.
DIE SPORTIFY-
DISRUPTION

Die Landschaft der Sportmedien ist fragmentiert. In Zukunft könnte eine Konsolidierung stattfinden. Was würde der globale Aufstieg einer medialen Superplattform für Zuschauer, Athleten, Sportorganisationen und Sponsoren bedeuten?

Wie es weitergeht

SZENARIO

Es begann mit einem Gespräch in einem Studentenwohnheim. Drei Freunde studierten Ingenieurwesen an einer amerikanischen Eliteuniversität. Im Jahr 2035 ärgerten sie sich über die Preise von Sportabonnements und Pay-per-View-Angeboten. Sportübertragungen seien reif für eine Disruption. Die Studenten entwickelten ein Open-Source-Netzwerk, das zu einer Erschütterung des hochkommerzialisierten Sportmedienmarkts führen sollte. Für eine geringe monatliche Gebühr konnten Nutzer auf Übertragungen von vielfältigen Sportanlässen zugreifen.

Nach einiger Arbeit wurde die Beta-Version von Sportify geboren. Zunächst fokussierten die Gründer auf Rechte von weniger beliebten Sportarten wie Tischtennis, Softball, Darts und Segeln, die das Interesse der grossen Medienkanäle und Sponsoren noch nicht anziehen konnten. Die Ingenieure wandten Innovationsprinzipien an, um diese Wettbewerbe für das Publikum fesselnder zu machen. Ein hauseigenes und von der Universität gefördertes Medienlabor entwickelte personalisierte Statistiken, soziale Mechanismen und VR-Erlebnisse, die das Publikum in die Perspektive der Athleten versetzten. Diese neuen Technologien brachten die Sportarten zunehmend in den Massenmarkt. Werbeeinnahmen, Investoren und Sponsorengelder begannen in der Folge zu fliessen. Während die Beliebtheit von Frauensport kontinuierlich anstieg, lag dessen grosses Potenzial nach wie vor brach. Dies war eine perfekte Situation für Sportify. Die Firma bezog eine klare Position, investierte in die Förderung weiblicher Athleten und stellte Frauensport-Wettbewerbe in den Vordergrund. Das Unternehmen führte neue Bildungsprogramme in Schulen und Jugendcamps ein, um die Autonomie junger Mädchen zu stärken. Eine Mentorinnen-Initiative folgte, bei der erfahrene Sportlerinnen junge Talente förderten. Ausserdem wurde eine Gewerkschaft für Athletinnen gegründet. Diese setzte sich für gleiche Bezahlung wie bei den Männern ein. Weiter legte das Management einen Schwerpunkt auf aufstrebende Sportökonomien in Afrika und Asien.

Entscheidend für das Wachstum war das Verständnis des Publikums. Die Weiterentwicklung von Funktionalitäten, die in den 2020er-Jahren von Broadcasting-Netzwerken wie Twitch lanciert wurden, war ein Vorteil. Sportify gab Influencern und Kommentatoren die Kontrolle über ihre eigenen Shows. Ein neuer dynamischer Markt für Meinungsmacher eröffnete sich. Sportler, Musiker, Künstler und Trendsetter entwickelten Konzepte und mixten bestehende Inhalte neu, um sie einem neuen Typus frenetischer Sportkonsumenten zu präsentieren. Sponsoren nutzten die Plattform mit grossangelegten Kampagnen, die Milliarden von Aufrufen generierten.

Im Jahr 2038 wurde Sportify mit 1,4 Milliarden US-Dollar bewertet. Fünf Jahre später ging es mit einer Bewertung von 40 Milliarden US-Dollar an die Börse und brach damit alle Rekorde, die zuvor von anderen Tech-Unternehmen aufgestellt wurden.

Aber der Innovationsdrang war noch lange nicht erschöpft. Nach seinem Börsengang brachte das Unternehmen eine neue Abteilung auf den Markt, Sportify Live (SL), und läutete damit den Niedergang traditioneller Sportübertragungen ein. SL wurde ent-

VORHERSAGE

Personalisierter Medienkonsum, neue Prinzipien der Vermarktung

In den 2020er-Jahren befindet sich die Sportmedienlandschaft in einem Moment der Transformation. Das COVID-19-Jahr hat den digitalen Konsum weiter beschleunigt. Zuschauer fragen vermehrt individualisierte Inhalte nach. Die Dominanz von Abo- und Pay-per-View-Formaten, die ein einheitliches Erlebnis für alle Zuschauer bieten, wird gebrochen. Das Publikum wird künftig mehr Leistung (oder besser gesagt: mehr Personalisierung) für sein Geld verlangen. Mit der zunehmenden Verbreitung von Zuschaueroptionen können bestehende Branchenführer und neue Marktteilnehmer von Live-Sporterlebnissen ihre Ereignisse noch besser vermarkten.

In der Folge würde man für den Mehrwert einen Aufpreis bezahlen, um einen Boxkampf aus der Perspektive des favorisierten Kämpfers zu sehen; oder für die Möglichkeit, bestimmte Spielsituationen im American Football über ein VR-Headset aus nächster Nähe mitzuverfolgen. Die Möglichkeiten für Zuschauer mit Vorlieben für Sportstatistiken sind besonders umfassend. So könnten übersichtliche Nutzerportale interaktive Spielstatistiken zeigen, die sich insbesondere für

wickelt, um neue Wettbewerbe zu starten, die mit herkömmlichen Sportarten konkurrierten. Mit ihren unerschöpflichen Geldreserven und vertieften Kenntnissen des Konsumentenverhaltens brachte die mediale Superplattform viele Zuschauer der etablierten Ligen ab und absorbierte die Einnahmen. SL nutzte die gleiche Strategie wie seine Muttergesellschaft: mit zweitklassigen Sportarten beginnen und die Formate neu erfinden. Die Branche bemerkte es kaum, als SL seine eigenen Wettbewerbe startete. Die lancierten Formate wie die Live Waterpolo Liga, eine Reitsportmeisterschaft und die Netball Association erreichten jeweils ein Vielfaches der Zuschauerzahlen bestehender Wettbewerbe, was Letztere in einen stetigen Abwärtstrend brachte. Die Spiele und Matches wurden mit kürzeren Sequenzen und garantierten Höhepunkten aggressiver, dynamischer und aufsehenerregender gestaltet. Der Unterhaltungswert stand klar im Vordergrund. Das Modell funktionierte. Nach und nach wandte SL seine Aufmerksamkeit neuen Sportarten zu und schuf so ein wachsendes Monopol in der Sportindustrie.

Sportwetten eignen. Auch wenn das Potenzial von VR in den frühen 2020er-Jahren von Technologen übertrieben wird, gibt es in den kommenden Jahrzehnten gute Möglichkeiten. Während sich die Zukunft der Sportübertragungen um die Personalisierung drehen wird, geht es oftmals um die Kuratierung und Modifikation von Inhalten. So hat der Aufstieg des sozialen Netzwerks TikTok den Menschen ermöglicht, kreative Filme mit visuellen Effekten zu produzieren und dadurch ein grosses Publikum zu erreichen. Kurze Ausschnitte – sogenannte Snippets – werden bearbeitet, geteilt, weiterempfohlen und in den virtuellen Communitys diskutiert. Die Produzenten dieser neuen Inhalte werden zu den grossen Gewinnern und bieten den Technologieunternehmen neue Einnahmequellen. Darüber hinaus werden prädiktive algorithmische Empfehlungssysteme Konsumenten ermöglichen, mehr Inhalte entsprechend ihren persönlichen Interessen zu konsumieren.

Wissen, was Sportkonsumenten wollen

Die nahe Zukunft von Sportübertragungen wird schrittweise Innovationen hervorbringen. Für Medienunternehmen werden Abo- und Pay-per-View-Modelle einen fruchtbaren Boden bieten. Laut einem Bericht von Verizon Media aus dem Jahr 2020 würden rund zwei Drittel der europäischen Sportfans für einen personalisierten Streaming-Dienst bezahlen.[1] In anderen Märkten ergibt sich ein ähnliches Bild. Aber das Ökosystem von Streaming- und Abo-Diensten ist verworren und kontraintuitiv. In manchen Fällen müssen die Zuschauer separate Gebühren zahlen, um verschiedene Spiele des gleichen Wettbewerbs mitzuverfolgen. In den kommenden Jahren werden herkömmliche Streaming-Anbieter und Werbetreibende zu Komplizen der persönlichen Informationsökonomie. In diesem Szenario werden Erfolg, Reichtum und Wert eines Unternehmens von der verfügbaren Menge von Nutzerdaten diktiert. Da der Medienkonsum immer personalisierter und zunehmend mit spezifischen Nutzerprofilen verknüpft wird, können Sportinhalte auf die Präferenzen, den Geschmack, die Vorlieben und Abneigungen zugeschnitten werden. Insbesondere für Sponsoren ist dies eine äusserst attraktive Entwicklung.

Eine fragmentierte Medienlandschaft

Durch den Aufstieg der datengesteuerten Personalisierung drängen mehr Akteure in den Sport-Streaming- und Abo-Markt, was zu einer zunehmend fragmentierten Landschaft führt. Während traditionelle Medienkanäle wie Radio und Fernsehen im Sport das Zusammentreffen von grossen Zuschauermassen auf der ganzen Welt zur gleichen Zeit ermöglichen – mit synchronem Ton und Bild in einem einzigen Moment –, sieht die Zukunft anders aus. Die teuersten Pay-per-View-Formate werden wahrscheinlich viele Sportfans vergraulen, die sich nach anderen Möglichkeiten umsehen werden, um Sport zu konsumieren. Gleichzeitig werden Angebote, bei denen der Kunde innerhalb von umfangreichen Abonnements nur diejenigen Inhalte bezahlt, die er sehen möchte, die Zahlungsbereitschaft erhöhen.

Inzwischen sind auch die sozialen Medien und der Sport eng miteinander verflochten. Das oben erwähnte Beispiel von TikTok ist dabei nur der Anfang. Zuschauer, die selbst als Inhaltsproduzenten auftreten, werden zunehmend Highlights wie Tore, Patzer und Unfälle bearbeiten, kommentieren und mit ihren eigenen Followern teilen. Wahrscheinlich wird dieser Trend die Live-Sporterlebnisse der Konsumenten ergänzen anstatt zu kannibalisieren. Daher wird das Remixen von Inhalten hauptsächlich dazu dienen, die Reichweite und das Engagement des Publikums kontrolliert zu steigern.

Entstehung neuer Geschäftsmodelle

In den kommenden Jahren werden neue Modelle der Sportübertragungen entstehen, die akzeptierte Konsumgewohnheiten infrage stellen. Ein stärkerer Fokus auf Zuschauerdaten wird dazu führen, dass grosse Technologieunternehmen und Social-Media-Plattformen eine wichtigere Rolle im Ökosystem einnehmen. Eine digitale Disruption könnte wie folgt beginnen: Ein Tech-Gigant kauft die Rechte an Sportveranstaltungen – und überbietet mit grossen finanziellen Reserven herkömmliche Konkurrenten. Die Inhalte werden wiederum kostenlos ausgestrahlt, um Probeabonnenten anzulocken. Bis zu einem gewissen Grad ist dies bereits in der jüngsten Vergangenheit geschehen, jedoch nur für ausgewählte Wettbewerbe und einzelne Spiele. In Zukunft könnten grosse Technologieunternehmen exklusive und umfassende Übertragungsrechte für die attraktivsten Sportereignisse wie die FIFA Fussball-Weltmeisterschaft oder die Olympischen Spiele erwerben. Riesige Zuschauerzahlen bedeuten kommerzielle Gewinne durch Werbeeinnahmen. Diese Tech-Unternehmen würden personalisierte Sportangebote präsentieren, die sich gut für ihre eigenen Social-Media-Angebote eignen. Die nutzergenerierten Inhalte würden auch global verbreitet werden. Auch eine umfangreiche Konsolidierung von Sportsendern, die sich zusammenschliessen, um eine zentrale Plattform für Sportübertragungen zu schaffen, wäre denkbar. Ein solcher Schritt könnte dazu führen, dass ein grosses Tech-Unternehmen ein Quasi-Monopol auf Sportinhalte aufbaut.

Diese Phase würde eine neue Marktsituation für Sportmedien einleiten. Beispiele aus anderen Industrien wie der Musik zeigen, welch weitreichende Konsequenzen für die Sportindustrie entstehen könnten. Grosse Tech-Unternehmen oder Sportmedien könnten ihre eigenen Wettbewerbe, Events oder Ligen entwickeln, um Werbe- oder Abonnementeinnahmen zu generieren. Ein Pionier in diesem Bereich ist Red Bull mit der eigenen Multimedia-Plattform Red Bull Media House. Solche Medienangebote stellen einen Wendepunkt in der Verbindung von Sport und Medien dar. Während viele der heute konsumierten Sportarten schon vor dem Aufkommen der Massenmedien existierten, werden neue Sportformate im Hinblick auf digitale Kanäle und soziale Netzwerke optimiert. Das bedeutet, dass die Regeln und Spielparameter angepasst werden, um den Unterhaltungseffekt zu maximieren.

Die Zukunft ergibt also ein vielschichtiges Bild. Heutige Angebote werden sich hin zu einer grösseren Personalisierung entwickeln. Dies wird Zuschauern mehr Freiheit beim Konsum von Sportinhalten geben. Die massgeschneiderten Inhalte werden wiederum grosse Datenmengen erzeugen, die mehr Möglichkeiten für Werbetreibende bieten und für Technologieunternehmen Disruptionspotenzial aufweisen.

QUELLE

1 Verizon Media (2020):
   Viewing Shifts:
   How we watch sport

Digitale Plattformen und Finanzierungsmodelle wie die Tokenisierung stärken die Autonomie der Sportler der Zukunft. Was wäre, wenn sich Fitness-Champions selbstständig vermarkten und den Fans direkten Zugang zu Fanartikeln, Ticketverkäufen und Live-Events bieten würden?

VII.
TOKENISIERTE GIG-SPORT-ANLÄSSE

Wie es weitergeht

SZENARIO

In den 2020er-Jahren waren sich Experten einig, dass es nur eine Frage der Zeit sein würde, bis sich Fitnesswettbewerbe zu grossen Zuschauersportarten entwickeln werden. Während frühe Befürworter in der ersten Hälfte des Jahrzehnts mit einem Liga-Konzept experimentierten, nahm die Entwicklung mit der Einführung der ExFit World Championship (EFWC) im Jahr 2030 richtig Fahrt auf. Die Rechte dieses Wettbewerbs gehörten der ExFit World Federation (EFWF).

Das Aufkommen von Fitnessathleten als neue Sportpersönlichkeiten war kometenhaft. Als der Wettbewerb mehr Interesse generierte, wurden die Popularität, der Ruhm und Reichtum der Athleten vergleichbar mit grossen Basketball-, Fussball- und Golfstars. Viele Exponenten der Sportbranche belächelten lange das Zuschauerpotenzial von Sportlern, die Hanteln heben, Kniebeugen machen oder in Rudermaschinen sitzen. Diese Wettbewerbsformen würden nicht die fesselnde Dramaturgie traditioneller Sportarten aufweisen. Wie falsch sie doch lagen.

Diese neue professionalisierte Bewegung führte nicht nur zu einer grossen Anhängerschaft des Fitnesstrends, sondern ermöglichte den Athleten, sich selbst zu vermarkten und zu monetarisieren – und zwar ausserhalb des Einflussbereichs der Sportverbände.

Die technikaffinen Sportpioniere der professionellen ExFit-Gemeinschaft experimentierten in den frühen 2030er-Jahren mit Blockchain-Technologien, um sich selbst zu vermarkten. Traditionell verdienten Sportprofis Reichtum durch Klubverträge, Preisgelder bei Turnieren und Sponsoring-Deals. Die frühen Befürworter von ExFit erschlossen jedoch basierend auf der Tokenisierung neue Einnahmequellen. Dieser Trend schuf einen neuen Markt für Kleinanleger, die Anteile am künftigen Wert der ExFit-Athleten kauften. Die Tokens boten direkten Zugang zu Fanartikeln, Ticketverkäufen von Live-Fitness-Events und exklusiven Inhalten aus der Sport-Community. Ein dynamischer neuer digitaler Marktplatz namens ExFracture wurde lanciert – als universelles Zugangsportal für ExFit-Tokens. Das geschärfte Profil brachte den Top-Akteuren des Sports ein Vermögen ein.

Einblicke in die Leistungsdaten wurden durch Fitness-Tracker und Muskelsensoren gewonnen, um die Ausdauer, Ermüdung und Trittfrequenz der aufstrebenden ExFit-Wettkämpfer mitzuverfolgen. Ausserdem wurde ihre Verletzungswahrscheinlichkeit bewertet. Diese und andere Informationen wie die mentale Verfassung flossen in die Bewertung ihres gegenwärtigen und zukünftigen Werts ein. Zusätzlich wurde berücksichtigt, wie geschickt sie sich in Zukunft vermarkten könnten – von ihrer körperlichen Attraktivität bis hin zu ihrem Charisma. Einige Investoren tätigten ihre Investitionen allein auf der Basis der Fähigkeit eines Athleten, bestimmte Produkte zu vermarkten.

Dieses neue Ökosystem ermöglichte es Sportlern, Dividenden zu erhalten. Es gab ihnen auch eine grössere Autonomie, sich selbst zu vermarkten – und so entstand ein neuer Typus hoch motivierter, unternehmerisch denkender Athleten. ExFit-Profis vermarkteten sich selbst für öffentliche Auftritte oder stellten gegen Bezahlung personalisierte Geburtstagsgrüsse zu. Diese neue Bewegung hatte auch ihre Tücken. Da der Wert der Athleten nicht mehr auf ihrem Talent, sondern auf ihrem Unterhaltungswert, ihrer Extravaganz oder ihrem Charisma beruhte, wurden viele zu Opfern von Hypes. Sie sahen ihren Wert nach oben schnellen. Hohe Kursverluste folgten jedoch oftmals umgehend.

VORHERSAGE

Empowerment der Athleten, traditionelle Strukturen unter Druck

Die Sportler suchten nach ihren eigenen Mitteln, um sich zu vermarkten und sich auf ExFracture zu positionieren, wurden jedoch oftmals Opfer von Burn-out, Medienskandalen und hohem Stress. Während viele Athleten in dieser neuen Ära der Selbstständigkeit zu Stars wurden, besassen die Verbände immer noch die Rechte, grosse ExFit-Events zu veranstalten und zu bewerben. Und ohne diese Spektakel und die Milliarden von gefesselten Zuschauern würde die Attraktivität der Athleten schwinden. Die Verbände wollten ihren Anteil. Doch die Würfel waren bereits gefallen. Die Blockchain-Einträge, die für den Abschluss von tokenisierten Verträgen gemacht wurden, waren klar zugewiesen. Ein neues Zeitalter der Athletenautonomie war angebrochen. Mit der Zeit folgten auch Sportler aus anderen Sportarten und schöpften den Grossteil ihres Reichtums aus der Selbstvermarktung.

Jeder Sportler wird bezeugen, dass der Erfolg seine Opfer fordert. Es beginnt mit den unzähligen Trainingsstunden, in denen der Athlet die Technik verfeinert oder den Körper auf Spitzenleistungen im Wettbewerb trimmt. Einmal an der Spitze angekommen, entstehen durch die starke Kommerzialisierung des Sports weitere Einschränkungen: Eine schrumpfende Freiheit und weniger Autonomie aufgrund strenger Bestimmungen von kommerziellen Verträgen sind die Folge. Sponsoren, Teams und Verbände können Anforderungen stellen, die Athleten im Gegenzug für lukrative Verträge und Popularität erfüllen müssen.

Aber was wäre, wenn die Sportwelt anders aussehen würde? Was wäre, wenn die Sportler die totale Kontrolle über sich selbst als Person, aber auch als kommerzielles Gut haben würden? Bald wird ein Wendepunkt erreicht, an dem die Mehrheit der Athleten sich selbst als Produkt für Dienstleistungen und Inhalte vermarktet. Mit dem Internet liegt der Beginn dieses Wandels nicht so weit zurück. Künftig könnten Sportler zunehmend Blockchain-Anwendungen nutzen, um neue Einkommensströme für sich selbst zu schaffen. Gleichzeitig werden taumelnde Sportorganisationen – Vereine, TV-Sender und andere traditionelle Zentren der Macht – fassungslos

Wie es weitergeht

zuschauen, wie ihr eigener Einflussbereich schwindet.

In dieser Landschaft wird das Abhängigkeitsverhältnis zwischen Athleten, Teams, Vereinen und Verbänden zugunsten des Einzelnen kippen. Das Potenzial von Sportpersönlichkeiten – nicht nur der berühmtesten, erfolgreichsten und einflussreichsten, sondern aller Profis, die mit digitalen Tools vertraut sind – ist riesig. Sie können sich in Zukunft unabhängig auf dem Markt behaupten und ihre eigenen Marken als Plattformen für verschiedene Produkte, Events und Dienstleistungen in Mode, Bildung oder Gesundheit aufbauen. Diese Entwicklung wird durch das Aufkommen neuer Finanzierungsmittel wie Crowdfunding und Tokenisierung beschleunigt. Ein Szenario, in dem einzelne Tokens, also Anteile, von Athleten auf einer Blockchain aufgeteilt und an Investoren verkauft werden, ist denkbar. Die Möglichkeit für Anteilsbesitze könnte somit auch auf Sporttalente ausgeweitet werden Die Anteile könnten entweder im Wert steigen oder sinken. Investitionen in Tokens eines aufstrebenden Tom Brady in seiner NFL-Debütsaison könnten zu einem späteren Zeitpunkt mit hohen Gewinnen verkauft werden.

Alle Macht den Athleten?

Die berühmtesten Sportler werden zunehmend zu eigenen Marken. Diese neue Ära des Empowerment wird Athleten dabei helfen, diesen Status früher in ihrer Karriere zu erreichen. Traditionell waren nur die absoluten Spitzensportler (wie Michael Jordan) in der Lage, kommerzielle Partnerschaften zur Lancierung eigener Sportmarken einzugehen. Ein Anzeichen dafür, wie die Zukunft der Athleten-Selbstvermarktung aussehen könnte, ist der Ex-Arsenal-Fussballspieler Mesut Özil.[1] Nach der Trennung von Adidas als Sponsor kündigte der deutsche Nationalspieler die Einführung einer neuen Sportartikel- und Lifestylemarke namens M10 an. Es ist bezeichnend, dass Özil Twitter als Kanal zur Bekanntmachung seines Projekts nutzte. Die Marke verfügt über eine eigene E-Sport-Sparte. Digitale Online-Handel-Plattformen bieten diesen jungen Unternehmern direkte Vertriebskanäle für ihre Produkte. Aber es ist unwahrscheinlich, dass sich Athleten mit Sport oder Modemarken begnügen werden. Das Vordringen in Sektoren wie Gesundheit, Bildung und Tourismus ist bereits in vollem Gang.

Selbstvermarktung durch Tokenisierung

Die oben genannten Trends kommen bereits Anfang der frühen 2020er-Jahre zum Tragen. Dies führt zu einer weiteren Fragmentierung der Machtstrukturen, die derzeit im Sportsektor vorherrschen. Das Aufkommen von Tokenisierung und digitalen Finanzierungsplattformen wird auch Kleinanlegern ermöglichen, mitzuwirken und mitzuverdienen. Die Finanzierung einer Sportkarriere erweist sich oftmals als schwierig. Talentierte Jugendliche geraten unter Druck, da sie die Ausgaben für Ausrüstung und Training tragen müssen. In Zukunft könnte das anders sein. Mit Blockchain-Technologie könnten Athleten (oder in gewissen Fällen ihre Eltern) Kapital von Investoren beziehen. Diese Investoren würden einen Anteil am zukünftigen Wert des Athleten erwerben. Der Sportler könnte die Investoren entweder auszahlen oder ihren Anteil zu einem geeigneten Zeitpunkt an einen anderen Investor weiterverkaufen. Dieses Modell könnte die Talentförderung durch Vereine und öffentliche Gelder grundlegend verändern.

Gleichzeitig gibt es Anzeichen dafür, dass auch Athleten in Randsportarten von dieser Entwicklung profitieren könnten. Sie könnten Tokenisierung nutzen, um ihre Karriere zu finanzieren. In Zukunft werden solche Modelle Möglichkeiten bieten, Sportveranstaltungen ohne Partner oder Verbände durchzuführen. Ticketverkäufe, Merchandising und das ganze kommerzielle Umfeld eines Sportgrossereignisses könnten durch Tokens dezentralisiert werden. Die Gewinnchancen für Investoren, die einen Anteil an einer Hochspringerin, einem Wasserballer oder einer Judokämpferin kaufen, sind geringer, aber auch risikoärmer. Eine Besonderheit solcher Investitionen liegt in der Aufmerksamkeitsökonomie. So ist es möglich, dass der Markt den unterhaltsamsten Athleten mehr Wert zuschreibt als den talentiertesten.

Ein verändertes Machtgleichgewicht

Diese Technologien – und ihre neuen Anwendungen – werden ein Zeitalter der Athleten-Unabhängigkeit einläuten. Diejenigen, die sich nicht länger von grossen Vereinen, Ligen und Verbänden diktieren lassen wollen, werden sich abwenden und ihre eigenen Formate gründen. Eine Vorlage dafür, wie dies künftig aussehen könnte, lässt sich am Beispiel des Laver Cup beobachten. Dieses Tennisturnier ist nach dem Vorbild des Ryder Cup konzipiert.[2] Nach einem Konzept, das angeblich von Roger Federer stammt, treten beim Laver Cup sechs europäische Spieler gegen sechs Spieler aus dem Rest der Welt an. Hier sehen wir, wie Sportler in Zukunft zu den Architekten von Wettkampfformaten werden. Langfristig könnten diese neuen Formate auch neue Regeln, Ausrüstungselemente und Spielumgebungen aufweisen.

Dies markiert einen Paradigmenwechsel, bei dem alternative Strukturen parallel zu bestehenden Sportorganisationen aufgebaut werden. Gleichzeitig werden neue Einnahme- und Medien-Ökosysteme geschaffen, die die Kommerzialisierung dieser neuen Turniere und Formate unterstützen. Neue Spannungsfelder zwischen Sportpersönlichkeiten mit mehr Autonomie und den etablierten Machtzentren werden entstehen.

Dies könnte zu einem Relevanzverlust für Intermediäre im Sportsektor – wie Manager, Medienunternehmen, Vereine und Verbände – führen. Was passiert, wenn Athleten ihre eigenen Marketing-Manager, Publizisten, CEOs und Rechtsberater werden? Im Resultat kann dies Umsatzeinbussen für diejenigen Akteure bedeuten, die diese Aktivitäten bisher erledigt haben. Aber selbstverantwortliche und eigennützige Athleten könnten durch rechtliche Entscheidungen in die Schranken gewiesen werden. Wenn Fussballspieler einen neuen Wettbewerb ausserhalb der Verbandsstrukturen lancieren: Können sie sich dann noch voll auf ihre Aufgaben im Verein konzentrieren? Dies ist ein komplexes Thema.

Die Arbeitsverhältnisse im Sportsektor werden dadurch auch freiberuflicher und weisen Ähnlichkeiten mit der Gig Economy auf. Dadurch entstehen neue Herausforderungen für Sportlerinnen und Sportler. Es werden neue Fähigkeiten in den Bereichen Business, Selbstvermarktung und Technologie vorausgesetzt. Athleten müssen möglicherweise ein vielfältiges Umfeld mit unterschiedlichen Interessen zufriedenstellen. Diese Last zu tragen und gleichzeitig auf höchstem Niveau Sport zu treiben könnte viele Athleten überfordern.

QUELLEN

1 Focus (2020): Vom Fußballer zum Geschäftsmann – Özil baut sein Imperium: Lifestyle-Marke, Online-Store, eSport-Team

2 ATP (2021): Laver Cup: Where Team Europe Meets Team World

VIII.
HUMAN-ENHANCEMENT-SPIELE

Der technologische Fortschritt im Bereich der genetischen, körperlichen und mentalen Leistungssteigerungen wird grundlegende Debatten über Sport, Wettbewerb und Fairness auslösen. Wie würde sich die Austragung von Human-Enhancement-Spielen auf die öffentliche Meinung auswirken?

Wie es weitergeht

SZENARIO

Die Human-Enhancement-Spiele (HES) im Jahr 2037 waren die ersten ihrer Art. Wie an den Olympischen Spielen strömten während der Veranstaltung Menschenmengen in kolossale Stadien. In Anlehnung an die traditionellen Spiele gab es vergleichbare Zeremonien, Prunk und Rituale. Die Teams wurden entlang der gesamten Bandbreite bestehender Leichtathletikdisziplinen von staatlich geförderten Forschungs- und Technologiefirmen zusammengestellt. Aber es gab einen wesentlichen Punkt, der diese Veranstaltung von allen anderen Sportgrossanlässen unterschied: Es gab kein Reglement.

Während Doping und leistungssteigernde Verfahren fast vollständig aus dem Sport verbannt wurden, hatten die Organisatoren der HES festgelegt, dass es hier keine solchen Regeln geben würde. Die Athleten durften jedes Mittel der chemischen Leistungssteigerung – von Anabolika bis Amphetaminen – verwenden. Biotechnologische Körperoptimierungen waren ebenfalls erlaubt. Darüber hinaus wurden an den HES zum ersten Mal kybernetische Manipulationen und biomechatronische Gliedmassen eingesetzt. Die einzigen Vorschriften waren sehr locker und zielten nur darauf ab, «klare und offensichtliche Schädigungen» der körperlichen Gesundheit der Athleten zu verhindern.

Das Ergebnis war eine Reihe von gebrochenen Rekorden. Der erste Mensch in der Geschichte, der eine Meile unter einer Minute lief, tat dies an einem HES-Rennen. Die Zuschauer staunten nicht schlecht, als die Schwimmer mit Geschwindigkeiten von 20 Meilen pro Stunde torpedoähnlich durch Schwimmbecken schnellten. Das US-Team setzte Schwimmer ein, denen biotechnologische Blutzellen injiziert wurden, die ihre Ausdauer erhöhten. Frankreich stellte eine Gruppe von Athleten mit Karbonflossen anstelle von Armen und Beinen. Javier Sotomayor hatte den Hochsprungrekord über vier Jahrzehnte lang halten können, nachdem er 1993 2,45 Meter gesprungen war. Aber sein Rekord wurde deutlich gebrochen – und zwar von allen zwölf teilnehmenden Athleten des HES-Hochsprung-Wettbewerbs.

Aber zählten diese Rekorde überhaupt? Die Meinungen in der Sportbranche und in weiten Teilen der Welt gingen auseinander. Human-Enhancement-Wettbewerbe blieben ein Nischenphänomen im Vergleich zu den Einnahmen und Zuschauerzahlen des traditionellen globalen Sport-Ökosystems. Eine zunehmende Entkopplung war in der Sportlandschaft bemerkbar. Befürworter und Gegner von Enhancement standen sich erbittert gegenüber. Während Fans und die wissenschaftliche Gemeinschaft die Fortschritte in Robotik, Medizin und Biotechnologie an den HES feierten, läuteten bei anderen die Alarmglocken. NGOs und Menschenrechtsgruppen schlossen sich zu einer kollektiven globalen Protestbewegung gegen die HES zusammen. Einige wollten Sanktionen erzwingen und Vorschriften verschärfen – andere Gegner wünschten sich gleich ein komplettes Verbot. Die Organisatoren des Wettbewerbs waren gezwungen, erhebliche Investitionen in die Sicherheit zu tätigen, als im Vorfeld des ersten Turniers Sabotage- und Protestpläne aufgedeckt wurden.

Während die Höchstleistungen der Wissenschaft die Zuschauer in Erstaunen versetzten, war das Geschehen hinter den Kulissen sehr undurchsichtig. Die HES waren im

VORHERSAGE

Multidimensionale Optimierungen, Neudefinition von Fairness

Besitz eines Konsortiums aus grossen Pharmakonzernen und Health-Tech-Riesen. Der Wettbewerb diente als hemmungsloses Versuchsfeld für Experimente am Menschen, allerdings mit vollständig einwilligenden Probanden. Die Gefahren im Zusammenhang mit den Prozeduren, die Athleten unternahmen, um sich von ihren Gegnern abzusetzen, waren klar – nicht weniger als acht Athleten wurden während der 16 Wettkampftage ins Krankenhaus eingeliefert.

Aber die Befürworter der HES propagierten das Mantra des Fortschritts für Technik und Wissenschaft. Es gab auch Hinweise darauf, dass solche publikumswirksamen Wettbewerbe breitere Veränderungen auf dem Massenmarkt einleiten würden. Das hat sich in den folgenden Jahren bewahrheitet, als die biomechatronischen Gliedmassen bei Amputationen grosse Verbesserungen in Sensibilität und Geschicklichkeit ermöglichten. Die Schwimmtechnologie rettete Leben auf hoher See, da die Rettungsteams mit abnehmbaren, modularen künstlichen Flossengliedern ausgestattet wurden. Die Innovation in der Schmerzlinderung für Ausdauerläufer half der medizinischen Gemeinschaft darüber hinaus, Beschwerden bei chronischen Krankheiten zu lindern.

Die Sportwelt steht an der Schwelle zu einer Debatte über Human Enhancement und Fair Play. Immer mehr chirurgische und biologische Verfahren stehen Sportlern zur Verfügung, um die Leistung ihrer Gelenke, Muskeln und sogar ihres Gehirns zur verbessern. Deshalb müssen Kontrollmechanismen eingeführt werden. Doch ein Blick in die Geschichte zeigt, dass viele Sportarten nicht existieren würden, wenn die Menschheit nicht danach streben würde, ihre eigenen Leistungsgrenzen ständig auszuweiten. Mit dem Aufkommen des Fahrrads wollten Radsport-Begeisterte in den späten 1800er-Jahren immer längere, anstrengendere Rennen durchführen, um die Grenzen der Erfindung auszuloten. Die Strapazen des Trampelns mit Holzrädern und Metallreifen wurde durch den starken Gebrauch von Amphetaminen, Alkohol, Kokain und in Äther getränkten Taschentüchern gelindert.[1] Kontroverse Praktiken wurden schrittweise abgebaut und schliesslich ganz verboten.

Ein Blick in die Zukunft lässt auf ähnliche Spannungsmomente schliessen, sollten sich die Befürworter von physischen, genetischen und mentalen Leistungssteigerungen, sogenannten Human Enhancements, durchsetzen. Eine Entkopplung der Enhancement-Sportarten auf der einen Seite und der natürlichen, nicht leistungsgesteigerten Formate

Wie es weitergeht

auf der anderen Seite könnte die Folge sein. Dazwischen entsteht eine breite Palette an neuen Technologien und Verfahren, die Ähnlichkeiten mit bereits existierenden Augenlaseroperationen (LASIK) und Hüftprothesen aufweisen. Diese Verfahren werden es zunehmend erschweren, eine klare Linie zwischen zulässigen Leistungsoptimierungen und unerlaubten Verfahren zu ziehen.

Die Chance für den Gesundheitssektor, die Tech-Konzerne und die Pharmaindustrie ist dabei klar: Enhancement-Sport wird ein Testfeld für das Vorbeugen von Verletzungen, Leistungssteigerungen oder Schmerzlinderungen. Doch wie populär wird Human Enhancement im Sport als Massenphänomen werden? Aufgrund gegenläufiger politischer und gesellschaftlicher Kräfte, aber auch wegen mangelnder Identifikation und Zustimmung der Zuschauer, wird Human Enhancement aus Sicht des globalen Massenmarkts eine Nische bleiben.

Schneller, höher und stärker

In den kommenden zehn Jahren werden genetische, physische und mentale Verbesserungen die Leistungen und Fähigkeiten von einzelnen Sportlern optimieren. Diejenigen, die sich solche Leistungssteigerungen schnell zu eigen machen, werden ihre Konkurrenten schlagen. Viele Fortschritte werden im Bereich des Para-Sports gemacht, vor allem im 3-D-Druck, der es Designern ermöglichen könnte, den Einsatz von Prothesen im Wettkampf weiterzuentwickeln.

Unterdessen arbeitet die Forschung im Bereich Gendoping daran, eines Tages einen übermenschlichen Läufer hervorzubringen. Diese Art von genetischen Verbesserungen ist besonders schwer zu kontrollieren, denn sie hinterlassen keine chemischen Spuren im System des Teilnehmers. Die kommerziellen Opportunitäten von neuen Technologien im Bereich Human Enhancement werden sich Investoren und Risikokapitalgeber nicht entgehen lassen. In der Folge entsteht eine neue Industrie, die den Sport nutzt, um neue Therapien, Behandlungen, Geräte und Prothesen auf den Massenmarkt zu bringen. Die Fortschritte machen eine scharfe Unterscheidung zunehmend schwierig, da sich illegale Verbesserungen nur minim von Standard-Trainingsmethoden abheben. Augenlaseroperationen für Golfer oder doppelte Hüftprothesen für angeschlagene Tennisspieler könnten die Athleten auf ein nie zuvor erreichtes Leistungsniveau bringen. In diesem Szenario wird es zunehmend komplex und ressourcenintensiv, kohärente und verbindliche Regeln zu schaffen und zu überwachen – vor allem auf Ebene eines international akzeptierten Standards. Hightech-Sportarten wie die Formel 1 geben bereits einen Ausblick darauf, wie die Zukunft anderer Sportarten aussehen könnte.

Nächste Generation von verbesserten Sportformaten

Das Aufkommen dieser neuen Leistungssteigerungen wird Athleten, Manager, Trainer und Sportinstitutionen zunehmend spalten. Diejenigen, die für solche Optimierungen im Sport einstehen, sehen sich in der Folge klaren Gegnern gegenüber. Neue Turniere und Wettbewerbe werden die Grenzen der menschlichen Ausdauer und physischen Fähigkeiten ausloten. Diese Wettbewerbe könnten fragwürdige moralische Komponenten beinhalten, die den heutigen ethischen Grundsätzen widersprechen. Wie bei jedem neuen technologischen Sprung wird es Herausforderungen und Chancen geben. Die Innovation wird durch den ausgeprägten Wettbewerbscharakter angetrieben und kühne Fortschritte ermöglichen. Die kommerziellen Möglichkeiten durch Ticketverkäufe, mediale Ökosysteme und Marketing ziehen neue Anbieter auf dem Sportmarkt an. Eine grosse Herausforderung entsteht durch die Bewältigung der unbeabsichtigten Folgen und aufgrund von gesundheitlichen Schäden genetischer, physischer oder mentaler Eingriffe. Ethisch-moralische Bedenken werden deshalb zum stetigen Begleiter.

Human Enhancement als Nischenphänomen

Während einige argumentieren, dass die Aufhebung der Vorschriften für Leistungsverbesserungen die Wettbewerbe fairer machen würde, ist die Einführung von extremen Formen wie Gehirnimplantaten und gezielten genetischen Eingriffen problematisch. Die Akzeptanz solcher Technologien im Bewusstsein des Sportmassenmarkts würde eine beträchtliche Veränderung der Werteeinstellungen in den 2020er-Jahren voraussetzen. Die Bemühungen zur Ausmerzung von Doping werden von den meisten Sportfans begrüsst. Extreme Formen von Human Enhancement werden demnach lediglich eine Nische im breiten Markt erobern.

Es wird auch globale Unterschiede in der Kontrolle und Einschränkung von Leistungssteigerungen geben: Während demokratische und liberale Gesellschaften eher vorsichtig und restriktiv damit umgehen werden, könnten im Gegensatz dazu autoritäre und totalitäre Staaten eher mit leistungssteigernden Verfahren experimentieren. Der Gedanke des natürlichen Wettbewerbs zwischen Athleten bedeutet, dass viele Zuschauer keine starken Eingriffe im Rahmen von Sportwettkämpfen sehen wollen. Ein Grund dafür ist die mangelnde Identifikation zwischen Zuschauern und Athleten. Das wirklich transformative Potenzial von Human Enhancements wird sich also nicht unbedingt in der Sportbranche zeigen, sondern eher in der breiteren Gesellschaft, in der Innovationen aus sportlichen Wettkämpfen für eine Vielzahl von Anwendungen in den Bereichen Arbeit, Bildung und Gesundheitswesen genutzt werden könnten.

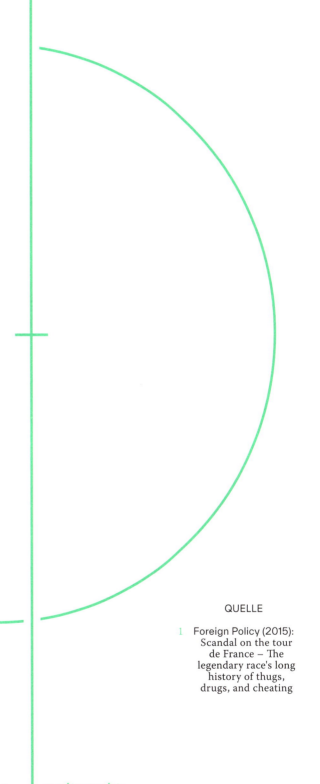

QUELLE

1 Foreign Policy (2015): Scandal on the tour de France – The legendary race's long history of thugs, drugs, and cheating

Wie es weitergeht

Die Stadtplanung muss
dem Verlangen nach
Sport in dicht besiedelten
Umgebungen zunehmend
gerecht werden.
Wie werden Städte der
Zukunft ihre Bewohner
zu einem aktiven
und gesunden Lebensstil
ermutigen?

IX.
DIE SPORT-STADT

Wie es weitergeht

SZENARIO

Der Stadtstaat Albaril wurde in den späten 2020er-Jahren auf einer künstlichen Insel im Persischen Golf gegründet und markiert den Beginn eines kühnen Experiments in Architektur, Städtebau und Ingenieurwesen. Die sechseckige «Pop-up-Nation» rühmte sich exquisiter Strände mit künstlich angelegten Graslandschaften und Sümpfen entlang der Küsten sowie einer aufwendig konstruierten Innenstadt. Doch im Jahr 2035 stellte sich heraus, dass die Bewohner des strahlkräftigen neuen Stadtstaats mit vielen Problemen konfrontiert waren, mit denen Stadtbewohner weltweit zu kämpfen haben.

Etwa 76 Prozent der Einwohner von Albaril waren Informationsarbeitende, die ihren Berufsalltag hauptsächlich in Büros und im Sitzen verbrachten. Sie waren stark auf ihre berufliche Karriere fokussiert und langen Arbeitszeiten und regelmässigen Stresssituationen ausgesetzt. Während die Aussenbezirke des Stadtstaats perfekt für Bewegung geeignet waren, hielten sich die meisten Bürger im Zentrum auf. Depressionen nahmen zu, Fettleibigkeit stieg in die Höhe und im Jahr 2028 verzeichnete die Selbstmordrate einen starken Anstieg gegenüber dem Vorjahr. Der Präsident, Aaadil Nahif, übernahm die Verantwortung für die Situation.

Nahif machte sich daran, die Stadt in ein sportliches urbanes Fitnessstudio zu verwandeln. Sein «Sport-Stadt-Projekt» sah vor, das Stadtgebiet mit Mikro-Fitnesszonen zu versehen, die es den Bürgern ermöglichten, schnelle, hochintensive Kräftigungsübungen oder Trainings in ihren Alltag einzubauen. Zehnminütige Fusswege in alle Richtungen brachten die Bewohner aus dem Stadtzentrum hinaus und schufen Berührungspunkte mit einer Reihe unterschiedlicher Bewegungsmöglichkeiten – Parcours, Radwege, Kletterwände und Strandbäder.

Es entstand eine inklusive Wellness-Kultur mit von der Stadtverwaltung improvisierten Pilates-, Yoga- und Meditationskursen im öffentlichen Raum. Kostenlos erhielten Passanten Instruktionen für Yogapositionen wie eine kurze «Schulterbrücke» oder einen «Halbmond». Bushaltestellen wurden mit intelligenten Klimmzugstangen ausgestattet, die über eine digitale Anzeige Menschen zur Bewegung animieren. Auf den Bahnsteigen wurden Fahrräder und Laufbänder für wartende Pendler installiert.

Doch nicht jeder war begeistert. Die Regierung hatte das Baurecht umgangen, um Sport, Bewegung und Wellness in das Stadtgefüge zu integrieren. In einigen Fällen wurden Hausbesitzer und Geschäftseigentümer vertrieben oder ausbezahlt, um Platz für die neue Sportlandschaft zu schaffen. Trotzdem: Als die Regierung eine neue ganzheitliche Gesundheits-App einführte, um Anreize für die Bürger zu schaffen und die Nutzung der Infrastruktur zu erhöhen, dachten viele, es sei eine gute Idee. Einige waren ohne zu zögern bereit, ihre privaten Informationen preiszugeben, um den Zielsetzungen der KI-basierten App zu folgen. AlbarilFit offerierte ihre virtuelle Währung im Austausch für körperliche Anstrengung. Bürger konnten mit dieser Währung Haushaltsrechnungen begleichen, Bio-Nahrungsmittel kaufen (ungesunde Snacks waren verboten) oder ihre Mitgliedschaft im Fitnessstudio bezahlen. Doch wer sein Pensum an Bewegung nicht erfüllen konnte, musste über die App Strafbeträge bezahlen.

VORHERSAGE

Integration von Sport in den Alltag, Neugestaltung von Infrastruktur

Unwissentlich hatte Nahif die Weichen für eine Protestbewegung als Reaktion auf seine Massnahmen gestellt. Unzufriedene Bürger schlossen sich zusammen und inszenierten sogenannte «Gorge-a-thons» innerhalb der Sportinfrastruktur. Die Leute versperrten den Zugang zu den Geräten, indem sie sich in den Weg stellten und demonstrativ fettige Speisen zu sich nahmen. Dann infiltrierte eine Hackergruppe AlbarilFit und manipulierte den Code so, dass die virtuelle Währung nur für Zigaretten und Süssigkeiten ausgegeben werden konnte.

Trotz dieser Rückschläge war die urbane Sportlandschaft ein Erfolg. Im Jahr 2031 waren die Bewohner gesünder, glücklicher und hatten eine höhere Lebenserwartung. Die Episode diente als Vorbild für Stadtplaner rund um die Welt. Sie zeigte, dass es eine gute Idee ist, Gesundheit in die städtische Umwelt zu integrieren, solange es nicht zu einer Einschränkung des freien Willens und einer Erosion der liberalen Werte führt.

Bill Bowerman, Mitbegründer des Sportartikelkonzerns Nike, wird das folgende Zitat zugeschrieben: «Wenn du einen Körper hast, bist du ein Athlet.»[1] Die Idee, dass Sport jeden einschliesst, der die Fähigkeit hat, sich zu bewegen, kam seit Beginn des 21. Jahrhunderts auf. Damals nahm die Anzahl Menschen, die Sport trieben, rasant zu und viele Mannschaftssportarten wurden immer beliebter. Doch wie wird sich dieser Trend in den kommenden Jahren weiterentwickeln? Die Antwort ist, dass Sport noch mehr Bereiche des täglichen Lebens durchdringen wird. Darüber hinaus wird er spontaner, umfassender und unterhaltsamer.

Dieser Wandel wird durch die digitale Transformation begünstigt. Sporty ist zum Beispiel ein soziales Netzwerk, das Menschen mit anderen Sportinteressierten in der Nähe zusammenbringt, um gemeinsam Aktivitäten wie Tennis, Fussball und Golf auszuüben. Städte und lokale Regierungen werden auch eine Rolle dabei spielen, die organisatorischen Hindernisse für die Teilnahme am Sport zu beseitigen. Und dann ist da noch die jüngste Verschmelzung von Bewegung und Unterhaltung, die sich in Innovationen wie dem VR-basierten Fitness-Tracker namens Oculus Move widerspiegelt.

Wie es weitergeht

Auch Gaming wird vermehrt als sportliche Aktivität ausgeübt, was die traditionelle Wahrnehmung als anstrengungsloser Zeitvertrieb verändert. Das Verständnis davon, welche Vorteile durch mehr Bewegung innerhalb der Bevölkerung entstehen, wird kontinuierlich verbessert. Ein Paradigmenwechsel ist dabei im Gang. Regierungen und nationale Gesundheitsdienstleister verfolgen heute einen präventiven Ansatz und wollen Gesundheitsprobleme vermehrt lösen, bevor sie akut werden. Körperliche Bewegung ist Teil dieses Wandels, der auf der Annahme beruht, dass die Vorbeugung von Krankheiten einfacher (und weniger teuer) ist als ihre Heilung.

Eine weitere Integration von Bewegung in unseren Alltag könnte auch zunehmend von Arbeitgebern vorangetrieben werden. Anreize, Belohnungen, Vergünstigungen und sogar Auszahlungen für die Teilnahme an Sportaktivitäten sind denkbar. Das Schwitzen in einer Fitnesslektion könnte dabei durch Arbeitszeit abgegolten werden.

Der Bewegungstrend wird sich jedoch vor allem in der öffentlichen Infrastruktur niederschlagen. Städtebau und Gestaltungspläne könnten Möglichkeiten für schnelle und bequeme Leibesübungen bieten. Alltägliche Aktivitäten wie Einkaufen, Pendeln oder Warten auf den öffentlichen Verkehr können mit Fitnessübungen wie Klimmzügen, Kniebeugen oder Sprüngen verbunden werden. Ein Beispiel dafür kann in japanischen Pendlerzügen beobachtet werden, wo Passagiere auf dem Weg zur Arbeit eine App namens «TRAIN»ing nutzen. Der Dienst schlägt Übungen vor, die darauf basieren, wo die Nutzer aussteigen, und empfiehlt Kraftübungen an den Geländern und Griffen, die normalerweise den Pendlern dienen. Eine Herausforderung bei dieser Art von Innovation ist die Inklusivität. Jede Erfindung in diesem Bereich sollte für ältere Menschen, Behinderte und Kinder nutzbar sein. Haftungsfragen werden ebenfalls einen Risikobereich darstellen.

Sport im Gesundheitswesen

Das Gesundheitswesen ist teuer. Die Bevölkerung bei guter Gesundheit zu halten kostet immer mehr. Darüber hinaus leidet die Gesellschaft durch die zunehmende Alterung an einer Reihe von Zivilisationskrankheiten, denen vorgebeugt, die behandelt und überwacht werden müssen. Fettleibigkeit wird auch bei jungen Menschen immer mehr verbreitet. Bewegung bietet sich als kostengünstige Alternative an, um die Zahl der Menschen auf Intensivstationen zu reduzieren. Während die Nutzung von Technologien zum Zählen von Schritten und Kalorien oftmals kontraproduktiv ist, sind Initiativen zur Steigerung des Wohlbefindens durch gemeinschaftliche Aspekte des Sports höchst wirksam.[2] Inklusivität ist dabei ein Erfolgsfaktor. Intersport, eine Einzelhandelskette für Sportbedarf und -bekleidung, betonte diese Ansicht, indem die Kampagne «You Never Sport Alone» lanciert wurde. Es wurde hervorgehoben, dass Sport auch während der COVID-19-bedingten Ausgangssperren eine unterstützende und gemeinschaftliche Erfahrung ist.[3]

Das Gesundheitssystem der Industrienationen könnte durch neue Strategien revolutioniert werden. Körperliche Bewegungsaktivitäten würden dabei systematisch im Gesundheitswesen institutionalisiert und von Ärzten verordnet, die die kardiovaskuläre Gesundheit ihrer Patienten über Wearables überwachen. Der Staat könnte dabei helfen, indem er mit Steuersenkungen oder Vergünstigungen Anreize für körperliche Aktivität schafft. Die Chancen auf der Makroebene sind offensichtlich: bessere Gesundheit, längere Lebenserwartung, gesteigerte Lebensqualität. Doch auf individueller Ebene werden die Dinge komplizierter. Der Staat, der als Überwacher der persönlichen Gesundheit agiert, dürfte manche verunsichern. Und da der Gesundheitssektor immer stärker digitalisiert wird, werden Fragen nach dem Besitz und der Nutzung von Daten zunehmend kontrovers diskutiert. Die COVID-19-Pandemie hat die Debatte zwischen freiem Willen und Autonomie auf der einen Seite und staatlicher Kontrolle und öffentlicher Gesundheit auf der anderen Seite noch einmal angekurbelt.

Vielleicht liegt die Antwort auf einige dieser Fragen in einem Bereich, in dem viele Menschen lediglich das tun, was von ihnen verlangt wird. Denn der Arbeitsplatz könnte eine wichtige Rolle einnehmen. Gesundheitsinstitutionen könnten in Sektoren von Medien bis zur Schwerindustrie mit Arbeitgebern kollaborieren, um ihren Einfluss auf die Arbeitnehmer zu nutzen und sie fitter oder gesünder zu machen. In einigen Bereichen ist dieser Trend bereits im Gang, da Unternehmen ihr Interesse am Wohlbefinden der Mitarbeiter entdeckten. Grundlage für diese Ausrichtung ist der Zusammenhang zwischen körperlicher Betätigung und Produktivität, Intelligenzquotient und psychischem Wohlbefinden. Viele Studien haben nachgewiesen, dass Bewegung glücklicher macht. Eine Studie der Oxford University und British Telecom fand heraus, dass glückliche Mitarbeiter 13 Prozent produktiver sind.[4]

Ein fitter Mitarbeiter ist also in der Regel einer, der gut mit anderen zusammenarbeitet und besser mit Drucksituationen umgeht. Dies ist insbesondere dann wichtig, wenn lange Arbeitszeiten am Schreibtisch die Regel sind. Körperliche Aktivität und Sport durch bezahlte Arbeitszeit oder durch Fitnessinfrastruktur in Bürokomplexen zu fördern bietet also vielfältige Möglichkeiten und Vorteile. Doch nicht alle werden an Bord sein. Einige wollen nicht, dass sich der Arbeitgeber in Bereiche wie Ernährung oder körperliche Aktivität einmischt.

Fitness by Design

Die vielleicht grösste Chance, Gewohnheiten zu ändern und auf eine nicht autoritäre Art mehr Bewegung zu propagieren, ist die Nutzung von Designprinzipien, um Verhaltensänderungen anzustossen. Die Idee einer fussgängerfreundlichen Stadt ist ein erster Schritt in die Richtung eines Urbanismus, der auf subtile Weise die Bewegung der Bewohner fördert. Selbstverständlich könnte noch mehr getan werden: Workout-Stationen, die sanfte, aber spontane Bewegungen an Orten ermöglichen, an denen die Menschen sonst sitzen würden, wären eine Alternative. Die gesamte Stadtbevölkerung könnte ermutigt werden, ihre Einkaufstouren oder sozialen Aktivitäten mit Mikroübungen zu verbinden. Spielerische Mechanismen und Designansätze würden eingesetzt, um die Aufmerksamkeit der Menschen von der Anstrengung wegzulenken. Die Hauptzielgruppe für diese Massnahmen wären ältere Menschen. Mikrobewegungen in Seniorenheimen würden zur Steigerung der langfristigen Lebensqualität beitragen. Designer experimentieren bereits mit Innenräumen, die das Herz-Kreislauf-System verbessern, beispielsweise durch Laufbänder, die sich durch leicht abnehmbare Module mit Stühlen verbinden lassen. Ähnlich können kognitive Übungen zur Verbesserung der geistigen Fitness und motorischen Fähigkeiten in die Wohnumgebung integriert werden.

QUELLEN

1. Nike (2021): Our Mission
2. Harvard Health Publishing (2017): Activity trackers: Can they really help you get fit?
3. Intersport (2021): Latest campaign from Intersport proves that "You never sport alone"
4. University of Oxford (2019): Happy workers are 13 % more productive

Wie es weitergeht

5

HANDLUNGSFELDER
FÜR WIRTSCHAFT,
POLITIK UND
WISSENSCHAFT

Den Wandel gestalten

Der Sportsektor ist in einer Transformationsphase, die viele alte Gewissheiten fundamental infrage stellt. Die Grenzen des Sports verschieben sich beispielsweise von der Leichtathletikbahn, der Halle oder dem Rasen in Richtung von virtuellen Umgebungen. Der Leistungssport trägt immer mehr zu Durchbrüchen in Wissenschaft und Medizin bei. In der Zukunft könnte sich auch das menschliche Verständnis davon, was Sport ist, durch KI-basierte Wettkämpfe erweitern. Doch nicht alle Innovationen werden den Erwartungen gerecht werden. Auch ist das Potenzial des Sports zur Sensibilisierung der Öffentlichkeit für Umweltbewusstsein und Nachhaltigkeit nicht ausgeschöpft.

Das Gleiche gilt für einen systematischen und quantifizierbaren Einsatz von Breitensport im öffentlichen Gesundheitssystem. Doch kann Sport überhaupt zur langfristigen Veränderung der Gesellschaft beitragen? Absolut. Sport ist am Puls von politischen und sozialen Themen. Die Aktivitäten von Sportlerinnen und Sportlern werden von Millionen von Zuschauern verfolgt. Das Verhalten, die Trends und Einstellungen dieser Persönlichkeiten des Internetzeitalters werden rund um den Globus bewundert und nachgeahmt.

Wenn es darum geht, das Leben der Menschen auf einer emotionalen Ebene zu berühren und Verhaltensänderungen herbeizuführen, hat die schöne neue Seite des Sports, oder «Brave New Sport», ein unermessliches Potenzial. In seiner reichen Vielfalt an Wettkämpfen und Spielformen bietet er eine einzigartige Plattform, um eine Zivilisation vorantreiben. Technologische Innovationen werden hier erprobt. Gesellschaftliche Normen werden neu verhandelt und infrage gestellt. Auch die Umweltpolitik wird hier getestet. Alle diese Funktionen werden auf eine spielerische und doch wettbewerbsorientierte Art und Weise erprobt und evaluiert.

Die Ergebnisse dieser Publikation lassen darauf schliessen, dass Sport künftig noch mehr Aspekte des täglichen Lebens durchdringen wird. Gesunde, funktionale Gesellschaften werden den Sport erfolgreich in die Stadtplanung, die virtuelle Infrastruktur und in nationale Gesundheitssysteme integrieren. Doch auch Länder und Regionen, die an der Schwelle zur wirtschaftlichen Entwicklung stehen, können den Sport nutzen, um das Leben ihrer Bürger zu verbessern. Direkte Beziehungen zwischen Profisportlern und Konsumenten werden zunehmen, was auch die Partizipation innerhalb der Bevölkerung erhöhen wird. In den 2020er-Jahren werden die vielfältigen Funktionen des Sports ausgebaut. Initiativen von öffentlichen Institutionen, Verbänden, Sportorganisationen der wissenschaftlichen Gemeinschaft, dezentralen Basisbewegungen – und nicht zuletzt der Sportler selbst – werden durch die gesellschaftliche Rolle gestärkt. Da es verschiedenste Ansätze gibt, die positive und transformative Kraft der neuen Sportwelt freizusetzen, ist es unmöglich, eine umfassende Liste von Strategien zu erstellen.

Die folgenden fünf Handlungsfelder stellen einen Startpunkt dar, um die Entwicklung neuer Netzwerke und Kompetenzen zu fördern und die mutige Seite des Sports im 21. Jahrhundert voranzutreiben.

I.
Partizipation an der Zukunft des Sports

Die grösste Gefahr für die Zukunft des Sports als treibende Gesellschaftskraft ist eine mangelnde Partizipation. Deshalb ist es in erster Linie notwendig, Menschen dafür zu begeistern und zur Teilnahme zu bewegen. Dynamische neue Sportformate rücken in den Vordergrund. Denn Gamification, personalisierte Statistiken und soziale Elemente schaffen Anreize zur körperlichen Aktivität. E-Sport und Mixed-Reality-Formate wie virtuelle Event-Konzepte werden dabei eine tragende Rolle einnehmen.

Ein weiterer Ansatzpunkt ist die Gestaltung unserer Städte: Stadtplaner und Architekten könnten körperliche Aktivitäten stärker ins Stadtbild integrieren, zum Beispiel durch bewegungsfördernde Infrastruktur wie verschiedene Trainingsmöglichkeiten an Bushaltestellen oder in Parks.

Ein treibender Faktor ist auch die Verbreitung von partizipativen Fan-Elementen im Zuschauersport. Neue Teilnahmemöglichkeiten werden geschaffen, um das Engagement und die Zustimmung bei Veranstaltungen zu erhöhen. Wenn Sport-Enthusiasten mitbestimmen, wo ein Turnier ausgetragen wird oder welche neuen Regeln eingeführt werden, ist es wahrscheinlich, dass sie hinter den Ergebnissen stehen können und Neuerungen unterstützen.

All das wird dabei helfen, mehr Menschen für den Sport zu begeistern. Letztlich geht es um mehr als Infrastruktur und Partizipation. Eine stärkere Integration des Sports in den Alltag der Bevölkerung ist das Ziel: Dies beinhaltet, neue Anreize zu schaffen, eine bessere Work-Life-Balance zu ermöglichen und die Etablierung sozialer Normen in der breiten Gesellschaft voranzutreiben.

II.
Evolution von Formaten und Strukturen

Alle populären und etablierten Sportarten sind das Produkt von Generationen des Experimentierens, der Regeländerungen und Einführung neuer Technologien. Doch strukturelle Veränderungen brauchen ihre Zeit. Da Sport der Gemeinschaft dient, müssen Konventionen kollektiv bewahrt werden. Ein Gleichgewicht muss gefunden werden zwischen der Beibehaltung der wahren Natur eines Wettbewerbs auf der einen und fortschrittlichen, mutigen Ideen auf der anderen Seite. Ausserdem müssen Sportformate ökonomisch, ökologisch und sozial nachhaltiger werden.

Wie lässt sich ein solches Gleichgewicht erzielen? Ein Weg sind die schrittweise Einführung neuer Regeln, Entertainment-Formate oder Regulierungen unter Berücksichtigung von Kontrollmechanismen. Dies gilt auch für bahnbrechende technologische Innovationen. Bessere Ausrüstung und Spielflächen sowie kontrollierbare Umgebungen dienen alle dazu, den Sport sicherer, unterhaltsamer und publikumswirksamer zu machen.

Ausserdem werden Umweltfaktoren zu einer grossen Herausforderung für viele Sportarten. Die Folgen des Klimawandels, wie beispielsweise steigende Durchschnittstemperaturen, erfordern eine Anpassung der Strukturen vieler Disziplinen. Dies beinhaltet eine grundlegende Neubewertung von Veranstaltungsorten, Spielplänen und der Inszenierung der Anlässe sowie eine Einschränkung der Emissionen von Profi- und Amateursportarten.

Resilienz von Sport-Ökosystemen

Auch wenn sich Sportformate und -organisationen zunehmend in Richtung ökonomischer, ökologischer und sozialer Nachhaltigkeit entwickeln, müssen die entsprechenden Ökosysteme im Umgang mit unmittelbaren Bedrohungen widerstandsfähiger werden. Da immer weitere Teile der Sportwelt digitalisiert werden, entstehen mehr Angriffspunkte für Cyberattacken. Die Resilienz der zukünftigen Sport-Ökosysteme ist deshalb entscheidend.

Investitionen in die Sicherheit sind ein Ausgangspunkt. Rechteinhaber wie Vereine und Verbände müssen sich dem Thema digitale Sicherheit annehmen, da auch sie zunehmend eine digitale Infrastruktur aufbauen und sich auf diese verlassen müssen.

Da persönliche und betriebliche Daten sowohl im Profi- als auch im Amateursport immer wichtiger werden, könnten sie das nächste grosse Jagdrevier für Hackerangriffe darstellen. Trotz aller digitalen Massnahmen zur Gewährleistung der Cybersicherheit bleibt der Mensch der grösste Risikofaktor. Trainings und Programme zum sicheren Umgang mit sensiblen Daten werden zum Erfolgsfaktor für Führungskräfte und Angestellte der grossen Sportvereine, Verbände und Ausrichter, aber auch für Hobbysportler.

Doch Resilienz bedeutet nicht nur, das nötige Rüstzeug zur Abwehr von digitalen Angriffen aufzubauen. Die COVID-19-Pandemie hat bewiesen, wie plötzlich externe Ereignisse den reibungslosen Ablauf von Sportanlässen unterbrechen können. Dementsprechend wurde eine Reihe von Massnahmen erprobt, die in Zukunft wieder eingeführt und weiterentwickelt werden könnten, um mit solchen Eventualitäten umzugehen. Das Ausrichten virtueller Wettkämpfe oder die Einführung von periodischen Kapazitätsbeschränkungen von Stadien bei wiederkehrenden Ausbrüchen haben dabei grosses Potenzial.

Ethische Richtlinien für medizinischen Fortschritt und persönliche Daten

Während Technik und Wissenschaft alte Probleme lösen, schaffen sie manchmal neue. Auch im Sport gilt dieses Prinzip von Zeit zu Zeit. Der Fortschritt kann zu ethischen Fragestellungen führen. Wie sieht also ein sicherer und gesellschaftlich wünschenswerter Umgang mit Innovationen in den Bereichen Human Enhancement, Präzisionsmedizin, Virtualisierung und Datenanalytik aus?

Eine Antwort auf diese komplexe Frage liegt in der Erarbeitung eines ethischen Rahmens für den Einsatz neuer Methoden zur körperlichen, geistigen und technologischen Leistungssteigerung. Fairness wird weiterhin ein entscheidendes Ideal sein, das den Sportsektor prägt. Es werden in dieser neuen Ära allerdings zähe Debatten um das Verständnis von Gleichheit und Fairness entstehen. Gleichzeitig leiden die Qualität und Diversität dieser Diskussionen, wenn sie hinter verschlossenen Türen geführt werden. Öffentliche Partizipation und Konsultationen könnten dabei helfen, einen Konsens über Fair Play zu finden. Solche Debatten fallen unter die Zuständigkeit der nationalen und internationalen Gesetzgeber.

Hier werden sich Nationalstaaten und Verbände in internationalen Gremien absprechen müssen, um verbindliche Vereinbarungen über die Legalität gewisser Innovationen zu treffen. Da Sportdaten persönlich und oftmals sensibel sind, liegt ein weiteres Augenmerk auf Fragestellungen im Bereich des Datenschutzes.

Die Fähigkeit, konstruktive Debatten zu führen, ist zentral für die weitere Entfaltung des gesellschaftlichen Potenzials des Sports. Eine Definition von ethischen Standards wird deshalb immer wichtiger für professionelle Sportler, Freizeitathleten, aber auch für die öffentliche Sportinfrastruktur und das Gesundheitssystem.

V.

Ein neues Narrativ entwickeln

Für viele gilt Sport als eine Freizeitbeschäftigung, die kaum mehr als eine Ablenkung vom Alltag darstellt und unseren angeborenen Spieltrieb befriedigt. Während einige argumentieren, dass Eskapismus genau das ist, was Sport so kraftvoll und einzigartig macht, vernachlässigt diese Haltung das transformative Potenzial des Sports für die Gesellschaft.

Das kulturelle Narrativ, das den Sport umgibt, sollte sich daher in den Medien, der Unterhaltungsindustrie und im öffentlichen Diskurs erweitern – um die Rolle des Sports als Förderer und Wegbreiter von sozialer Mobilität, Gesundheit und Gleichberechtigung.

Der Fokus auf diesen «Brave New Sport» wird neue Initiativen hervorbringen, die durch Finanzierung, Aktivismus, Mobilisierung und Bewusstseinsbildung pragmatisch an Herausforderungen herangehen. Die Zusammenführung gespaltener Gesellschaftsgruppen durch die gemeinsame Faszination für den Sport ist zum Beispiel ein erster Schritt. Die Nutzung der Popularität und Reichweite von Sportgrossveranstaltungen, um das kollektive Bewusstsein zu schärfen und Menschen dazu zu ermutigen, sich für soziale Anliegen zu engagieren, ist ein weiterer.

Das bedeutet auch, dass die Überschneidung von Sport und Politik grösser wird. Sport war schon immer politisch. Die Definition und Etablierung eines neuen Gleichgewichts zwischen den unterhaltenden und politischen Aspekten des Sports werden zu einem wichtigen Handlungsfeld der Zukunft.

Mehr als nur ein Spiel

Das Potenzial des Sports, den gesellschaftlichen Wandel und Fortschritt mitzugestalten, ist heute grösser als je zuvor. Sport ist ein Gesellschaftsprodukt und widerspiegelt die soziale Komplexität mit ihren unzähligen Verflechtungen. Doch in Zukunft wird die Sportwelt auch vermehrt vorausgehen und die Gesellschaft anführen. Vom Sport der Zukunft kann also erwartet werden, dass er als Wegbereiter und Transformator gesellschaftlichen Fortschritt ermöglicht.

Um eine wünschenswerte Zukunft zu gestalten, muss sich der Sport neu erfinden, und zwar nach ethischen Richtlinien in Bereichen wie Datenschutz, medizinischen Innovationen, dem Einsatz von KI sowie der Förderung von ökonomischer, ökologischer und sozialer Nachhaltigkeit. Dies geht weit über Fans und Athleten hinaus und erfasst sämtliche Bereiche moderner Zivilisationen. Für Wirtschaft, Politik und Gesellschaft geht es deshalb um mehr als nur ein Spiel.

5 Anhang

W.I.R.E.
Curating the Future

W.I.R.E. ist ein unabhängiger Think Tank, der an der Schnittstelle von Wissenschaft und Praxis die Gestaltung der Zukunft kuratiert. Die Grundlage dafür bildet eine systematische Früherkennung relevanter Entwicklungen und deren Übersetzung in langfristige Strategien und Handlungsfelder für private und öffentliche Organisationen und deren Entscheidungsträger.

Als interdisziplinäre Plattform differenziert sich W.I.R.E. seit der Gründung 2007 durch ein übergreifendes Verständnis von Wirtschaft und Gesellschaft und nutzt dieses Wissen für die Entwicklung von langfristigen Entscheidungsgrundlagen, Ideen und neuen Lösungsansätzen. Der inhaltliche Fokus liegt unter anderem auf den weiterführenden Folgen der digitalen Transformation und dem Verknüpfen von marktwirtschaftlicher und gesellschaftlicher Innovation im Umfeld unterschiedlicher Sektoren von Gesundheits- und Finanzdienstleistungen bis hin zu Immobilien oder Medien.

Neben der Analyse neuer Technologien, Geschäftsmodelle und gesellschaftlichen Trends umfasst die Expertise von W.I.R.E. eine mehrdimensionale Informationsarchitektur als Basis für massgeschneiderte, multimediale Publikationen, Veranstaltungsformate, Ausstellungen, Keynotes bis zum Entwickeln von «Real-Life-Labs» oder Prototypen. Der Think Tank verfügt über ein internationales Netzwerk aus Vordenkern und Entscheidungsträgern sowie Partnerschaften mit führenden Unternehmen, Universitäten und Designern.

Established in year 7 of the 21st century
www.thewire.ch

INFRONT
Shaping the Future of Sports

Infront wurde 2003 mit Hauptsitz in Zug, Schweiz, gegründet. Es ist heute eines der weltweit führenden Sportmarketing-Unternehmen und gestaltet die Zukunft des Sports als essenzielles Bindeglied für Menschen. Infront entwickelt sowohl etablierte als auch aufstrebende Zuschauer- und Massensportarten und verbindet Fans und Teilnehmer auf der ganzen Welt und über alle Kanäle hinweg. Dank seiner Expertise, innovativer Dienstleistungen und Lösungen steigert Infront Reichweiten, Umsätze und Kundennutzen für seine Partner.

Rund 1000 Experten sorgen von 44 Niederlassungen in 17 Ländern aus dafür, dass Infront die gesamte Angebotspalette für Event- und Vermarktungspartner abdeckt – von innovativen digitalen Lösungen über erstklassiges Eventmanagement, den internationalen Vertrieb von Medienrechten, Sponsoring-Vermarktung und Aktivierungsstrategien bis hin zu modernsten Medienproduktionen. Besonders hervorzuheben ist die unübertroffene Erfahrung von Infront als Partner internationaler Sportverbände: Die Vertragsbeziehungen des Unternehmens zählen zu den längsten in der Branche. Jeden Tag vereint Infront Fans und Konsumenten bei den grössten Sportereignissen weltweit, indem es unvergleichliche Eventerlebnisse und Zugang zu Inhalten bietet und integrative Communitys aufbaut.

www.infront.sport

AUTOREN UND ILLUSTRATOR

Raphael von Thiessen Senior-Projektleiter

Raphael von Thiessen ist Senior-Projektleiter und Researcher bei W.I.R.E. und analysiert im Rahmen von strategischen Projekten den Einfluss von Trends und Technologien auf Wirtschaft, Wissenschaft und Gesellschaft. Nach seinem Bachelor in Politikwissenschaft an der Universität Zürich setzte er digitale Innovationen für das Medienunternehmen Axel Springer um. Anschliessend absolvierte er an der ESCP Europe in London, Paris und Berlin einen Master of Science in Betriebswirtschaft. Danach war er als Unternehmensberater mit dem Themenschwerpunkt Future of Work für verschiedene Firmen tätig. In seinen ersten beiden W.I.R.E.-Publikationen «Decoding Artificial Intelligence» und «True Transformers» schrieb er über KI und die Zukunft des Finanzsystems.

Simone Achermann Mitgründerin und Chief Editor

Simone Achermann beschäftigt sich mit Entwicklungen und Trends in Gesellschaft, Wirtschaft und Kultur. Sie ist Autorin und Herausgeberin diverser Publikationen, unter anderem der Buchreihe ABSTRAKT, von «Mind the Future – Kompendium für Gegenwartstrends» sowie der Suhrkamp-Reihe «Was zählt». Vor ihrer Arbeit bei W.I.R.E. hat sie mehrere Jahre als Kommunikationsberaterin gearbeitet. Der Schwerpunkt ihrer Tätigkeit lag im Bereich der Corporate Social Responsibility und im Schreiben von Texten und Reden für Führungskräfte in Wirtschaft und Gesellschaft. Simone Achermann hat am University College London (UCL) Kulturwissenschaften studiert.

Peter Firth *Editor*

Als Journalist mit mehr als zehn Jahren Erfahrung bei Think Tanks und grossen Nachrichtenagenturen beleuchtet Peter Firth in seinen Texten für W.I.R.E. Themen in den Bereichen Wirtschaft, Technologie und Gesellschaft sowie weltweite Entwicklungen. In seiner ehemaligen Funktion als Nachrichtenredakteur der globalen Medienmarke «Monocle» leitete er die Tagesproduktion und koordinierte das Hauptmagazin und die Wochenzeitungen des Unternehmens. Zuvor arbeitete er beim Business Think Tank «The Future Laboratory» als Leiter eines Forschungsteams, das das Verhalten von Konsumenten und dessen Auswirkungen auf die Marktchancen globaler Marken untersuchte. Peter studierte Englische Literatur und Soziologie an der Universität Brighton und absolvierte ein Nachdiplomstudium an der London School of Journalism.

Dr. Stephan Sigrist *Gründer und CEO*

Stephan Sigrist ist Gründer und Leiter des Think Tank W.I.R.E. Er analysiert seit vielen Jahren interdisziplinär Entwicklungen in Wirtschaft, Wissenschaft und Gesellschaft und beschäftigt sich schwergewichtig mit den Folgen der Digitalisierung in den Life Sciences, Financial Services, Medien, Infrastruktur und Mobilität. Er ist Herausgeber der Buchreihe ABSTRAKT und Autor zahlreicher Publikationen sowie Keynote-Referent an internationalen Tagungen. Mit W.I.R.E. unterstützt er Entscheidungsträger bei der frühen Erkennung relevanter übergeordneter Entwicklungen und deren Übersetzung in langfristige Strategien und Innovationsprojekte.

Andrew Archer *Illustrator*

Andrew Archer ist ein neuseeländischer Illustrator und Art Director, der aktuell in Melbourne lebt und arbeitet. Inspiriert von Popkultur, Mode, Surrealismus, Holzschnitten und seiner Zeit in Asien kreiert er eine wirkungsvolle Mischung aus halluzinogenen Farben und rhythmischen Linien. Er hat Erfahrung mit Illustrationen für grosse Sportmarken wie Adidas, ESPN, Formula E, Air Jordan, Nike und Red Bull Racing.

KONTRIBUTOREN

Philippe Blatter President & CEO Infront Group

Philippe Blatter ist seit 2005 President & CEO von Infront. 2015 wurde Infront von dem chinesischen Mischkonzern Wanda Group übernommen und Philippe Blatter zum Vice Chairman der Wanda Sports Group ernannt, die Infront und Wanda Sports China umfasst. SPONSORs – Deutschlands führendes Sportbusiness-Magazin – führte ihn 2012 unter den Top-10 der «Einflussreichsten Persönlichkeiten im internationalen Sport» auf. 2017 wurde er in das ESPN FC-Ranking «The 50 most influential people in football» aufgenommen. Vor seiner Zeit bei Infront arbeitete Philippe elf Jahre bei McKinsey & Company, wo er als Partner die Sports Practice aufbaute. Zudem war er über zehn Jahre lang Vorstandsmitglied der Stiftung Right To Play Switzerland. Philippe Blatter hält einen MSc Abschluss der Eidgenössischen Technischen Hochschule (ETH) in Zürich und einen MBA der Kellogg Graduate School of Management der Northwestern University in Evanston, Illinois, USA.

Dr. Christian Müller CEO Infront X

Als CEO von Infront X, der Digital-Sparte von Infront, bringt Christian Müller sein umfangreiches Wissen über innovative Lösungen, virtuelle Technologien und digitale Strategien ein, die es Unternehmen ermöglichen, mit Sportfans in Kontakt zu treten und Umsätze zu steigern. Christian Müller ist seit 2006 bei Infront tätig, war zuvor als Senior Vice President People, Innovation & Corporate Services sowie als Vice President Business Development tätig und leistete in diesen Funktionen essenzielle Unterstützung für alle operativen Geschäftsbereiche der Gruppe. Bevor er zu Infront kam, sammelte Christian als Projektmanager bei McKinsey & Company umfassende Erfahrung in der Beratung führender internationaler Unternehmen und Sportorganisationen. Christian hält einen Doktortitel in Technischer Chemie sowie einen Master in Chemieingenieurwesen, beide von der Eidgenössischen Technischen Hochschule (ETH) in Zürich.

Jörg Polzer VP Strategic Communications Infront Group

Jörg Polzer verantwortet die weltweite Kommunikations- und Markenstrategie von Infront. Als versierter Spezialist für Marketingkommunikation verfügt er über fast 20 Jahre internationale Erfahrung und ein umfassendes Verständnis des internationalen Sport- und Entertainment-Business. Vor seiner Zeit bei Infront war er als VP Sports beim globalen Informations- und Datenanalyse-Unternehmen Nielsen sowie Global Head of Corporate Communications der Luxusuhrenmarke IWC Schaffhausen tätig. Vor seinem Wechsel zu IWC war Jörg Polzer bereits zehn Jahre in verschiedenen Positionen bei Infront. Er begann seine berufliche Laufbahn bei der Kommunikationsberatung Ketchum in München, worauf eine Position beim deutschen Medienunternehmen SPORT1 folgte. Jörg Polzer hält ein Diplom in Germanistik und Kommunikationswissenschaften der Otto-Friedrich-Universität in Bamberg sowie einen Executive Master in Kommunikationsmanagement der Università della Svizzera italiana in Lugano (EMScom).

EXPERTENINTERVIEWS

Adam Savage
TV-, YouTube- und E-Sport-Moderator

Alejandro Agag
Unternehmer und Vorstehender
der Formula E Holdings

Dr. Allen Hershkowitz
Vorsitzender von Sport and Sustainability
International

Amikam Kranz
VP, Media Sales & Operations, Infront Group

Angus Campbell
Architekt von Sportstadien bei Foster + Partners

Antoaneta Angelova-Krasteva
Direktorin für Innovation, Internationale Kooperation und Sport der Europäischen Kommission

Dr. Bob Rotella
Autor und Berater für Sportpsychologie

Christoph Heimes
Ehemaliger CEO von IX.co

David Cipullo
Ehemaliger VP Brands 360, Infront Group

David Dellea
Sports Business Advisory Director bei PwC

Hans-Peter Zurbrügg
SVP Personal & Corporate Fitness, Infront Group

Prof. Dr. Kevin Warwick
Professor für Kybernetik an der
Coventry University

Lucie Greene
Autorin, Big-Tech-Expertin und Futurologin

Dr. May El Khalil
Gründerin des Beirut Marathon